KB033573

초보자도 쉽게 배울 수 있는!!

기초서반아어 會話

編輯部 編

＊초보자를 위한 기초 서반아어 회화!!

●쉽게 정복하는 서반아어 會話!!
●회화를 위한 기초 문법/회화의 실제

太乙出版社

● 초보자도 쉽게 배울 수 있는

기초 서반아어회화

編輯部 編

太乙出版社

첫머리에*

서반아어 회화 초보자를 위하여

서반아어는 이제 명실공히 세계 공용어로서 발전해 가고 있읍니다. 서반아어는 문명의 발상지이며, 고대부터 막강한 국력을 과시해온 스페인어를 말합니다.

지금은 영어와 불어 다음으로 그 사용 국가가 많은 언어가 이 서반아어 입니다. 유럽의 몇몇 국가를 비롯하여 남미 제국이 모두 서반아어를 국가어(國家語)로 사용하고 있다고 생각하면 됩니다.

앞으로 서반아어는 우리나라에서도 필수 불가결한 외국어라고 봅니다. 국가의 정책적인 차원에서도 아직은 여러모로 미개척지인 남미 제국으로 정치·경제·문화·인력 등의 교류를 활성화시킬 것이 분명합니다. 따라서 앞으로는 점점 더 서반아어의 사용 빈도가 높아질 것으로 기대됩니다.

특히 88서울 올림픽 때에는 서반아어를 국가어로 사용하고 있는 남미 제국에서 오는 스포츠 강자(強者)들과의 만남이 이루어질 것입니다. 이 때에도 우리는 능숙한 서반아어로 그들에게 친절하고 예의바른 한국인의 이미지를 심어줄 수 있도록 노력해야 할 것입니다.

이 책은 아직 서반아어에 대해서 낯설은 독자들을 위하여 만들어진 기초 실용 회화 가이드입니다. 전혀 기초를 모르는 독자라 하더라도 기본적인 실용회화를 충분히 익힐 수 있도록, 아주 쉽고 재미있게 엮어진 책이므로 누구든지 부담없이 서반아어와 친해질 수 있으리라 믿습니다.

그럼 독자 여러분의 건강과 행복을 빕니다.

편저자 씀.

차 례*

제 1 장

서반아어 회화를 위한
기초 문법

Ⅰ. 알파베또(Alfabeto)

인쇄체		명칭		인쇄체		명칭	
A	a	a	아	N	n	ene	에네
B	b	be	베	Ñ	ñ	eñe	에녜
C	c	ce	쎄	O	o	o	오
Ch	ch	che	체	P	p	pe	뻬
D	d	de	데	Q	q	cu	꾸
E	e	e	에	R	r	ere	에레
F	f	efe	에훼	Rr	rr	erre	에ㄹ레
G	g	ge	헤	S	s	ese	에쎄
H	.	h	아체	T	t	t	떼
I	i	i	이	U	u	u	우
J	j	jota	호따	V	v	ve	베
K	k	ca	까	W	w	ve doble	베도블레
L	l	ele	엘레	X	x	ekis	에끼스
Ll	ll	elle	엘례	Y	y	igriega	이그리에가
M	m	eme	에메	Z	z	zeta	세따

Ⅱ. 발음(發音)

b	ba 바 be 베 bi 비 bo 보 bu 부
c	ca 까 ce 쎄 ci 씨 co 꼬 cu 꾸

ch	cha차 che체 chi치 cho쵸 chu추
d	da다 de데 di디 do도 du두
f	fa파 fe페 fi피 fo포 fu푸
g	ga가 ge헤 gi히 go고 gu구
h	ha아 he에 hi이 ho오 hu우
j	ja하 je헤 ji히 jo호 ju후
k	ka까 ke께 ki끼 ko꼬 ku꾸
l	la라 le레 li리 lo로 lu루
ll	lla야 lle이예 lli이 llo요 llu유
m	ma마 me메 mi미 mo모 mu무
n	na나 ne네 ni니 no노 nu누
ñ	ña냐 ñe녜 ñi니 ño뇨 ñu뉴
p	pa빠 pe뻬 pi삐 po뽀 pu뿌
q	que께 gui끼
r	ra라 re레 ri리 ro로 ru루
rr	rra르라 rre르레 rri르리 rro르로 rru르루
s	sa사 se세 si시 so소 su수
t	ta따 te떼 ti띠 to또 tu뚜
v	va바 ve베 vi비 vo보 vu부
w	wa와 we웨 wi위 wo워 wu우
x	xa-ㄱ사 xe-ㄱ세 xi-ㄱ시 xo-ㄱ소 xu-ㄱ수
y	ya야 ye예 yi이 yo요 yu유
z	za싸 ze쎄 zi씨 zo쏘 zu쑤

Ⅲ. 모음(Vocales)

a. 모음(母音)

a, e, i, o, u

1. 강 모 음 : a, e, o
2. 약 모 음 : i, u
3. 2중모음 : ai, au, ei, eu, oi, ou, ia, ua, ie, ue, io, uo, ui, iu
4. 3중모음 : iai, iei, uai, uei

Ⅳ. 아쎈또(Acento)

스페인어에 있어서 악센트는 대단히 중요하다. 악센트의 위치에 따라 전혀 다른 뜻의 말로 들리기도 하고, 그 낱말 자체에 대한 이해를 곤란하게도 만든다.

악센트의 위치는 모음에 있으며 2중 모음인 경우는 강모음에, 연속된 약모음의 경우엔 후의 모음에 악센트가 있다. 악센트가 있는 음절은 좀 길게 그리고 강하게 발음하여야 한다.

서반아어에 있어서 악센트는 다음과 같은 규칙을 따른다.

a. 자음(n, s는 제외)으로 끝난 단어는 맨 마지막 음

절의 모음에 악센트가 있다.

favor → favôr (호의, 은혜)

reloj → relôj (시계)

farol → farôl (초롱불, 가로등)

b. 모음(a, e, i, ou)과 n, s로 끝난 단어는 마지막으로부터 두번째 음절의 모음에 악센트가 있다.

libro → lîbro (책)

interesante → interesânte (재미있는)

c. 위의 규칙 외에 불규칙적인 악센트를 가진 단어는 그때 그때 암기해 두어야 하며 단어를 표기할 때도 반드시 악센트부호(´)를 찍어야 한다.

aquí (여기) corazón (마음, 심장)

periódico (신문)

※ i 위에 악센트부호를 써주어야 할 때는 í로 표기한다.

V. 명사의 성 (Género de los nombres)

서반아어의 명사는 남성과 여성으로 구분되는데, a, d, z, ie, umbre, ción 등으로 끝난 단어는 대개가 여성이며 이밖의 문자로 끝난 단어는 대개가 남성이다.

남성	여성
libro 책	casa 집

padre 아버지	ciudad 도시
profesor 교수	estación 역, 계절

※ 위의 규칙을 따르지 않는 경우는 따로 기억해 두어야 한다.

남성(男性)	여성(女性)
día 날(日)	mano 손
mapa 지도	flor 꽃

그러나 padre(아버지), madre(어머니), hombre(남자), mujer(여자) 등은 어미의 문자와 관계없이 자연성 그대로를 따른다.

Ⅵ. 정관사와 부정관사

a. 정관사 (영어의 the에 해당한다)

	단수	복수
남	el	los
여	la	las

b. 부정관사 (영어의 a 혹은 an에 해당)

	단수	복수
남	un	unos
여	una	unas

부정관사의 단수는 〈하나〉 또는 〈어느〉의 뜻으로 쓰이며 복수는 약간의 뜻으로 쓰인다.

Ⅶ. 주격인칭 대명사(代名詞)

(Pronombres personales nominativos)

수 / 인칭	단수	복수
1	yo 나	nosotros (남) 우리들 nosotras (여)
2	tú 너	vosotros (남) 너희들 vosotras (여)
3	él 그 남자 ella 그 여자 usted 당신	ellos 그들 ellas 그녀들 ustedes 당신들

실제로 usted와 ustedes는 2인칭이지만 그 동사 변화형이 3인칭과 동일하기 때문에 문법의 편이상 3인칭이라 부르는 것이다.

nosotras와 vosotras는 여성에게만 쓰이며 남녀가 함께 존재할 때는 남성형으로 쓴다.

제 2 장

기초 서반아어 회화

부에노쓰 디아쓰
1. Buenos días

부에노쓰 디아쓰
A: ¡Buenos días!

부에노쓰 디아쓰 에쓰
B: ¡Buenos días! ¿Es

하뽀네쓰
japonés?

노 꼬레아노 이 우스뗃 에쓰
A: No, coreano.¿ Y usted es

에쓰빠뇰
español?

노 쏘이 멕씨까노
B: No. Soy mexicano.

아 무이 비엔
A: ¡Ah, muy bien!

1. 아침 인사

A : 안녕하세요?

B : 안녕하세요. 일본인이십니까?

A : 아닙니다. 한국 사람입니다. 당신은 스페인 사람입니까?

B : 아니요. 멕시코 사람입니다.

A : 아! 그러세요.

주

- bueno : 좋은
- día : (명) 날, 날짜
- es : ser(이다)의 3인칭 단수 →
- japonés : (형) 일본의. 일본인, 일본어
- No : 아니오
- coreano : (형) 한국의. (명) 한국인, 한국어
- soy : ser의 1인칭 단수형
- Mexicano : (형) 멕시코의. (명) 멕시코인
- Ah : 아! 감탄사
- muy : 매우
- bien : 좋은

	단	복
1인칭	soy	somos
2인칭	eres	sois
3인칭	es	son

부에나쓰 따르데쓰
2. Buenas tardes

부에나쓰 따르데쓰 쎄뇨르
A : Buenas tardes, señor.

부에나쓰 따르데쓰 쎄뇨리따
B : Buenas tardes, señorita.

꼬모 에스따 우스뗃
A : ¿Cómo está usted?

무이 비엔 그라씨아쓰 이
B : Muy bien, gracias, y ¿

우스뗃
usted?

비엔 그라씨아쓰
A : Bien, gracias.

2. 오후 인사

A : 안녕하세요 선생님!

B : 안녕하세요 아가씨!

A : 어떻게 지내십니까?

B : 매우 잘 지냅니다. 감사합니다. 당신은요?

A : 잘 지냅니다. 감사합니다.

주

- bueno : 좋은. 스페인어에서 형용사는 명사의 성수에 일치시킨다. 여기서도 tarde가 여성 복수형태이기 때문에 이에 일치시켜 buenas로 썼다. 여성형을 만드는 방법은 o→a로 고치면 된다.
- tarde : f. 오후. 복수 tardes.
- señor : 씨. 선생님. 주로 성인 남자에게 사용.
- señorita : 아가씨. 양. 미혼 여성에게 사용.
- cómo : 어떻게(영어의 how).
- está : estar(있다. 지내다)의 변화형 →
- usted : 당신은.
- gracias : 고맙습니다.
- y : 그리고.

	단수	복수
1인칭	estoy	estamos
2인칭	estás	estáis
3인칭	está	están

3. Bienvenido
비엔 베니도

비엔 베니도 아 꼬레아
A : Bienvenido a Corea.

그라씨아쓰
B : Gracias.

비에네 우스뗀 데 멕씨꼬
A : ¿Viene usted de Mexico?

노 벵고 데 에스빠냐
B : No. Vengo de España.

오 씨
A : ¡Oh, si!

3. 환영합니다

A : 한국에 오신 것을 환영합니다.

B : 감사합니다.

A : 당신은 멕시코에서 오셨지요?

B : 아닙니다. 스페인에서 왔습니다.

A : 아! 그래요.

주

- bienvenido : m. 환영.
- Corea : 한국.
- viene : venir (오다)의 3인칭 단수형 →

	단수	복수
1인칭	vengo	venimos
2인칭	vienes	venís
3인칭	viene	vienen

데 돈데 비에네 우스뗃

4. ¿De dónde viene usted?

데 돈데 비에네 우스뗃

A: ¿De dónde viene usted?

벵고 데 아르헨띠나 이

B: Vengo de Argentina y

우스뗃

¿usted?

아끼 미스모 쏘이 꼬레아노

A: Aquí mismo, soy coreano.

부에노

B: Bueno.

아블라 우스뗃 무이 비엔 엘

A: ¿Habla usted muy bien el

에스빠뇰

español?

끌라로 께 씨

B: ¡Claro que sí!

4. 당신은 어디에서 오셨읍니까?

A : 당신은 어디에서 오셨읍니까?

B : 아르헨티나에서 왔읍니다. 당신은요?

A : 바로 여기에서요. 저는 한국인이거든요.

B : 그러세요.

A : 당신은 스페인어를 매우 잘 하시겠네요?

B : 물론입니다.

주

- mismo : 바로 ● Aquí : 여기
- habla : hablar (말하다)의 3인칭 단수형 →

	단수	복수
1인칭	hablo	hablamos
2인칭	hablas	habláis
3인칭	habla	hablan

- claro que sí : 물론
- 스페인어의 모든 동사는 -ar. er. ir로 끝나는데, ar로 끝나는 동사를 제 1 변화동사, er를 2 변화동사, ir를 3 변화동사라고 칭한다. 제 1 변화동사의 직설법 현재는 ar를 떼고 다음과 같이 만든다.

	단수	복수
1인칭	-o	-amos
2인칭	-as	-áis
3인칭	-a	-an

아 돈데 바 우스뗀

5. ¿A dónde va usted?

아 돈데 바 우스뗀

A: ¿A dónde va usted?

보이 아 부산

B: Voy a Busan.

빠라 께

A: ¿Para qué?

보이 아 엔꼰뜨라르 아 미

B: Voy a encontrar a mi

아미가

amiga.

요 땀비엔 보이 아 부산

A: Yo también voy a Busan.

아 부산

B: ¿A Busan?

씨 쎄뇨르 쏘이 데 아이

A: Sí, señor. Soy de allí.

5. 어디에 가십니까?

A : 어디에 가십니까?
B : 부산에 갑니다.
A : 무엇하러 가시는데요?
B : 제 여자 친구를 만나러 갑니다.
A : 저도 역시 부산에 갑니다.
B : 부산에 가신다구요?
A : 네. 제가 거기 출신이거든요.

주

- a : 전치사. ~을, ~에게, ~로
- dónde : 어디. 어디에(영어의 where)
- va : ir(가다)의 3인칭 단수형
- para : 전치사. ~을 위하여
- qué : 무엇(영어의 what)
- encontrar : 만나다
- mi : 나의
- amiga : amigo(남자 친구). o→a 여자친구
- sí : 예(영어의 yes)
- de : -로 부터(영어의 from)
- allí : 거기

→	단수	복수
1인칭	voy	vamos
2인칭	vas	vais
3인칭	va	van

께 오라 에쓰 아오라

6. ¿Qué hora es ahora?

뽀르 파보르 께 오라 에쓰

A: Por favor. ¿Qué hora es

아오라

ahora?

쏜 라쓰 도쎄

B: Son las doce.

라쓰 도쓰

A: ¿Las dos?

노 쏜 라쓰 도쎄

B: No. Son las doce.

야 쏜 라쓰 도쎄

A: ¿Ya son las doce?

씨 쎄뇨르

B: Sí, señor.

6. 지금 몇시입니까?

A : 저, 지금 몇시입니까?

B : 열두시입니다.

A : 두시라고요?

B : 아니요. 열두시라고요.

A : 벌써 열두시입니까?

B : 네 그래요, 선생님.

주

- hora : f. 시간, 시
- ahora : 지금
- por favor : 영어의 please
- las : 여성관사 복수 →

	남성	여성
단수	el	la
복수	los	las

- doce : 12
- dos : 2
- ya : 이미, 벌써, 이제, 지금

께 에쓰 에스또
7. ¿Qué es ésto?

께 에쓰 에스또
A: ¿Qué es ésto?

에쓰 우나 쁠루마
B: Es una pluma.

엘 에스띨로 에쓰 무이 라로
A: El estilo es muy raro.

씨 쎄뇨르
B: Sí, señor.

이 께 에쓰 아껠
A: Y ¿Qué es aquél?

에쓰 운 꾸아데르노
B: Es un cuaderno.

7. 이것은 무엇입니까?

A : 이것은 무엇입니까?

B : 펜입니다.

A : 모양이 매우 독특하군요.

B : 네, 그래요.

A : 그러면 저것은 무엇입니까?

B : 공책입니다.

주

- ésto : 이것. 지시대명사
- una : 부정관사 여성형 →
- pluma : f. 펜
- estilo : m. 모양, 스타일
- raro : 드문, 희귀한, 독특한
- aquél : 저것. 지시대명사
- un : 부정관사 남성형. 원형은 uno인데, 남성 단수형 앞에는 un으로 쓰인다.
- cuaderno : m. 수첩, 공책

	남성	여성
단수	uno	una
복수	unos	unas

8. ¿Cómo se llama usted?
꼬모 쎄 야마 우스뗀

꼬모 쎄 야마 우스뗀
A : ¿Cómo se llama usted?

메 야모 까르멘 이
B : Me llamo Carmen. Y

우스뗀
¿usted?

요 정 숙
A : Yo… Jongsuk.

우스뗀 에쓰 바하
B : Usted es baja.

부에노 뻬로 노 에쓰 데마씨아도
A : Bueno, pero no es demaciado

바하
baja.

야 로 끄레오
B : ¡Ya lo creo!

8. 이름이 무엇입니까?

A : 이름이 무엇입니까?

B : 까르멘입니다. 그러면 당신 이름은 무엇입니까?

A : 저는 정숙입니다.

B : 당신은 키가 작군요.

A : 그래요. 하지만 지나치게 작지는 않아요.

B : 물론이예요.

주

- llamarse : 불리다.
- bajo : 낮은, (키가) 작은 여성형 앞에서는 baja로 됨.
- pero : 그러나
- demaciado : 지나치게, 너무
- lo : 그일을, 그것을
- creo : creer (믿다)의 1인칭 단수형

메 알레그로 데 베를레 아

9. Me alegro de verle a

우스뗀

usted

올라 부에노쓰 디아쓰 쎄뇨라

A : Hola, buenos días, señora.

올라 부에노쓰 디아쓰

B : Hola, buenos días.

메 알레그로 데 베를레 아 우스뗀

A : Me alegro de verle a usted.

요 땀비엔

B : Yo también.

꼬모 에스따 우스뗀

A : ¿Cómo está usted?

무이 비엔 그라씨아쓰 이

B : Muy bíen, gracias. Y

우스뗀

¿usted?

아씨 아씨

A : Así así.

9. 당신을 만나서 반갑습니다

A : 안녕하세요, 부인.

B : 안녕하세요.

A : 만나서 반갑습니다.

B : 저 또한 그렇습니다.

A : 어떻게 지내세요.

B : 잘지내고 있읍니다. 감사합니다.
당신은요?

A : 그럭저럭 지냅니다.

주

- hola : 안녕, 여보세요 정도의 가벼운 인사.
- señora : 부인
- alegrarse : 기쁘다
- ver : 보다.
- le : 직접목적대명사. 당신을, 그를
- tambien : 역시, 또한
- así : 이런 식으로, 그처럼

돈데 에스따 세울

10. ¿Dónde está Seúl

에스따씨온

Estación?

돈데 에스따 세울 에스따씨온

A: ¿Dónde está Seúl Estación?

에스따 엔 엘 쎈뜨로 델 라

B: Está en el centro de la

씨우닫 오 쎄아 쎄르까 데

ciudad, o sea, cerca de

아유다미엔또

Ayudamiento.

까씨 알 라도

A: ¿Casi al lado?

노 뻬로 노 에쓰 딴 레호쓰

B: No. Pero no es tan lejos.

무차쓰 그라씨아쓰 쎄뇨리따

A: Muchas gracias, señorita.

데 나다 아디오쓰

B: De nada, adios.

10. 서울역이 어디에 있읍니까?

A : 서울역이 어디에 있읍니까?

B : 도시 중심에 있읍니다. 즉, 시청 근처에 있어요.

A : 바로 옆에 있읍니까?

B : 아니요. 하지만 그리 멀지 않아요.

A : 대단히 감사합니다, 아가씨.

B : 천만에요. 안녕히 가세요.

주

- centro : m. 중심, 내부
- ciudad : f. 도시
- o sea : 즉, 말하자면
- cerca : 근처, 옆
- casi : 거의
- lado : m. 옆, 측면
- tan : 그렇게, 그정도로
- lejos : 멀리
- de nada : 천만에
- adios : 안녕(헤어질때 인사)

엘 꼬체

11. El coche

꽐 꼬체 레 구스따 쎄뇨르

A : ¿Cuál coche le gusta, señor?

또도쓰 쏜 무이 보니또쓰 노

B : Todos son muy bonitos no

쎄 꽐 에스꼬헤르

sé cuál escoger.

놀 레 구스따 에스떼 꼬체 로호

A : ¿No le gusta este coche rojo?

에쓰 데 화브리까씨온 대 우 이

Es de fabricación Daewoo y

무이 부에노

muy bueno.

엘 꼬체 에쓰 데마씨아도 그란데

B : El coche es demaciado grande.

메 구스따 마쓰 아껠 꼬체

Me gusta más aquel coche.

부에노 레알멘떼 에스 보니또

A : Bueno. Realmente es bonito.

11. 자동차

A : 어떤 차가 맘에 드세요. 선생님.

B : 모두 너무 예뻐서 어떤 차를 골라야할지 모르겠네요.

A : 이 빨간 차 맘에 들지 않으세요?

대우회사 제품인데 매우 좋습니다.

B : 그 차는 너무 크군요. 저 차가 더 맘에 드는데요.

A : 그러세요. 정말 예쁘죠.

주

- coche : m. 차
- cuál : 어떤, 어떤 것(영어의 which)
- gustar : 좋아하다.
- todo : 모두
- bonito : 예쁜
- sé : saber(알다)의 1인칭 단수형
- escoger : 선택하다, 고르다.
- rojo : 빨간
- fabricación : f. 제조, 제조품
- grande : 큰 ● realmente : 실제로, 정말로

엔 엘 아우또부쓰
12. En el autobús

뽀르 파보르 아돈데 바
A : Por favor, ¿adónde va
에스떼 아우또부쓰
este autobús ?

아스따 남대문 메르까도
B : Hasta Namdaemun Mercado.

에스따 엔 엘 쎈뜨로 데
A : ¿Está en el centro de
세울
Seúl ?

씨 아돈데 바 우스뗀
B : Sí. ¿Adónde va usted ?

보이 알 오뗄 로떼
A : Voy al Hotel Lote.

부에노 에스떼 아우또부쓰 바 아이
B : Bueno, este autobús va allí.

12. 버스에서

A : 실례지만, 이 버스가 어디로 갑니까?

B : 남대문 시장까지 갑니다.

A : 시장이 서울 복판에 있읍니까?

B : 그래요. 당신은 어디에 가시는데요?

A : 롯데 호텔에 갑니다.

B : 그래요. 이 버스가 그곳까지 갑니다.

주

- en : 안에, 에서(영어의 in)
- autobús : m. 버스
- hasta : ~까지
- mercado : m. 시장

에스 우스뗀 까사도
13. ¿Es usted casado?

에스 우스뗀 까사도
A : ¿Es usted casado?

노 쏘이 쏠떼로
B : No. Soy soltero.

엔똔세쓰 띠에네 우스뗀
A : Entonces ¿ tiene usted

쑤 노비아
su novia?

끌라로 께 씨 예야 에스따 엔
B : Claro que sí. Ella está en

마드리드 아오라
Madrid ahora.

삐엔싸 우스뗀 엔 예야 아오라
A : ¿Piensa usted en ella ahora?

씨 딸 베쓰 예야 삐엔사 엔
B : Sí. Tal vez, ella piensa en

미 땀비엔
mí también.

13. 당신은 결혼을 하셨읍니까?

A : 당신은 결혼을 하셨읍니까?

B : 아니요. 미혼입니다.

A : 그러면 애인은 있으세요?

B : 물론이예요. 그녀는 지금 마드리드에 있읍니다.

A : 당신은 지금 그녀를 생각하시는가요?

B : 네, 그래요. 그녀도 역시 나를 생각하고 있을 겁니다.

주

- casado : 결혼한
- soltero : 미혼의, 독신의
- entonces : 그때, 당시, 그렇다면, 그래서
- tiene : tener (가지다)의 3인칭 단수형
- su : 당신의
- novia : f. 애인
- ella : 그녀는
- piensa : pensar (생각하다) 의 3인칭 단수형
- tal vez : 아마, 혹시
- mí : 전치격 인칭 대명사. 나를.

엔 엘 살론

14. En el salón (I)

올라 께 데쎄아 우스뗃

A : Hola. ¿Qué desea usted?

쎄르베싸 뽀르 파보르

B : Cerveza, por favor.

우나 보떼야 오 우나 꼬빠

A : ¿Una botella o una copa?

우나 보떼야

B : Una botella.

비엔 운 모멘또 쎄뇨르

A : Bien, un momento, señor.

끼에로 운 뽀꼬 데 빠따따스

B : Quiero un poco de patatas

땀비엔

también.

부에노

A : Bueno.

14. 술집에서(Ⅰ)

A : 무엇을 드시겠습니까?

B : 맥주 주세요.

A : 병으로 드시겠습니까,아니면 잔으로 드시겠습니까?

B : 병으로 먹겠습니다.

A : 알겠습니다. 잠깐만 기다리세요, 손님.

B : 감자도 좀 주십시요.

A : 알겠습니다.

주

- desea : desear(원하다)의 3인칭 단수형
- cerveza : f. 맥주
- botella : f. 병
- copa : f. 술잔
- momento : 순간, 때, 시기, 현재
- quiero : querer(좋아하다, 원하다)의 1인칭 단수형
- poco : 조금
- patata : f. 감자

엔 엘 살론
15. En el salón (Ⅱ)

오뜨라 꼬빠 베베쓰 뚜
A : ¿Otra copa bebes tú?

부에노 씨
B : Bueno, sí.

께 끼에레쓰
A : ¿Qué quieres?

진 또닉
B : Gin-tonic.

부에노 까마레로
A : Bueno. ¡Camarero,

까마레로 뽀르 파보르
camarero, por favor!

씨 쎄뇨르 께 데쎄안
C : Sí, señor. ¿Qué desean

우스떼데쓰
ustedes?

도쓰 꼬빠쓰 데 진 또닉 뽀르
A : Dos copas de Gin-tonic, por

파보르
favor.

15. 술집에서(Ⅱ)

A : 너 한 잔 더 마시겠니?

B : 좋아. 그러지.

A : 뭐로 마실거니?

B : 진토닉.

A : 좋아. 웨이터, 웨이터.

C : 네, 손님. 무엇을 원하십니까?

A : 진토닉 두 잔 주십시요.

주

- otra : 다른
- bebes : beber(마시다)의 2인칭 단수형
- tú : 너, 너는
- camarero : 웨이터

16. Los coreanos son amables
로스 꼬레아노쓰 쏜 아마블레쓰

에쓰 우스뗀 에스빠뇰

A : ¿Es usted español?

노 쏘이 멕시까노

B : No. Soy mexicano.

에쓰 라 쁘리메라 베쓰 께

A : ¿Es la primera vez que

에스따 우스뗀 엔 꼬레아

está usted en Corea?

씨 쎄뇨르

B : Sí, señor.

레 구스따 꼬레아

A : ¿Le gusta Corea?

씨 무초 뽀르께 로스

B : Sí, mucho. Porque los

꼬레아노쓰 쏜 무이 아마블레쓰

coreanos son muy amables.

16. 한국인은 친절하다

A : 당신은 스페인 사람입니까.

B : 아니예요. 멕시코 사람이예요.

A : 한국엔 처음이시죠?

B : 네, 그래요. 선생님.

A : 한국이 맘에 드세요?

B : 네. 무척 맘에 듭니다. 왜냐하면 한국 사람들은 무척 친절하기 때문이예요.

주

- español : 스페인의. ㊔ 스페인 사람, 스페인어
- primera : primero의 여성 형태. 처음
- vez : f. 번
- mucho : 많은, 매우
- porque : 왜냐하면
- amable : 친절한

께 디아 델 라 쎄마나

17. ¿Qué día de la semana

에쓰 오이

es hoy?

께 디아 데 라 쎄마나 에쓰

A : ¿Qué día de la semana es

오이

hoy?

오이 에쓰 싸바도

B : Hoy es sábado.

엔똔세쓰 마냐나 에쓰

A : Entonces mañana es

도밍고

domingo.

씨 쎄뇨르

B : Sí, señor.

께 아라 우스뗃 마냐나

A : ¿Qué hará usted mañana.

쏠라멘떼 에스따레 엔 미 까사

B : Solamente estaré en mi casa.

17. 오늘은 무슨 요일입니까?

A : 오늘은 무슨 요일입니까?

B : 오늘은 토요일입니다.

A : 그러면 내일이 일요일이겠지요.

B : 그래요. 선생님.

A : 당신은 내일 무엇을 할려고 합니까?

B : 그냥 집에 있을거예요.

주

- semana : f. 주
- hoy : 오늘
- sábado : m. 토요일
- mañana : 내일. el mañana : 아침
- hará : hacer (하다, 만들다)의 3인칭 단수 미래형
- solamente : 다만, 오직, 겨우
- estaré : estar (있다)의 1인칭 단수 미래형

18. ¿Estás enfermo?
(에스따쓰 엔페르모)

A : ¿Te sientes bien?
(떼 씨엔떼스 비엔)

B : Sí, ¿por qué?
(씨 뽀르 께)

A : Parece que estás enfermo.
(빠레쎄 께 에스따쓰 엔페르모)

B : No, estoy bien. Solamente tengo mucha hambre.
(노 에스또이 비엔 쏠라멘떼 뗑고 무차 암브레)

A : ¿No te desayunas?
(노 떼 데싸유나스)

B : No, por eso tengo mucha hambre ahora.
(노 뽀르 에쏘 뗑고 무차 암브레 아오라)

18. 너 아프니?

A : 너 괜찮니?

B : 그래. 왜?

A : 아파보여서 그래.

B : 아니야. 건강해. 단지 배가 몹시 고플 뿐이다.

A : 아침을 안 먹었니?

B : 그래. 그래서 지금 몹시 배가 고파.

주

- emfermo : 아픈
- sientes : sentir (느끼다)의 2인칭 단수형
- por qué : 왜, 이유(영어의 why)
- parece que : ~처럼 보이다.
- tengo : tener (가지다)의 1인칭 단수형
- hambre : f. 배고픔
- desayunarse : 아침식사를 하다.
- por eso : 그래서

디아 데 데스깐쏘

19. Día de descanso

마냐나 노 아이 끌라쎄쓰

A : Mañana no hay clases.

께 바쓰 아 아쎄르

B : ¿Qué vas a hacer?

보이 아 에스따르 엔 까사

A : Voy a estar en casa.

뽀르 께 께 띠에네쓰

B : ¿Por qué? ¿Qué tienes

께 아쎄르 엔 까사

que hacer en casa?

노 쏠라멘떼 노 뗑고 아

A : No. Solamente no tengo a

돈데 이르

dónde ir.

엔똔세쓰 께 떼 빠레쎄

B : Entonces, ¿qué te parece

께 바모쓰 알 씨네

que vamos al cine.

19. 공휴일

A : 내일은 수업이 없다.
B : 너 내일 무엇을 할거니?
A : 집에 있을거야.
B : 왜? 집에서 할 일이라도 있는거니?
A : 아니야. 다만 갈곳이 없을 뿐이야.
B : 그러면 우리 영화관에 가는 것이 어때?

주

- descanso : m. 휴게, 휴식
- clase : f. 교실, 수업
- ir a hacer : ~을 하려고 하다.
- tener que + 동사원형 : ~해야만 한다(영어의 have to, must)
- cine : m. 영화, 영화관

부에나 이데아

20. ¡Buena idea!

인영 바모스 알 라

A : Inyeong, vamos a la

비블리오떼까 빠라 에스뚜디아르

biblioteca para estudiar.

에쓰 뜨라헤디아 께 떼네모스

B : Es tragedia que tenemos

께 에스뚜디아르 엔 에스떼 디아

que estudiar en este día

에스뚜뻰도

estupendo.

요 삐엔쏘 께 씨

A : Yo pienso que sí.

엔똔세쓰 바모쓰 알 씨네

B : Entonces vamos al cine.

부에나 이데아 바모쓰

A : Buena idea, vamos.

20. 좋은 생각이야

A : 인영아, 우리 공부하러 도서관에 가자.

B : 이렇게 화창한 날씨에 우리는 공부를 해야만 하다니, 비극이다.

A : 나도 그렇게 생각해.

B : 그러면 우리 영화관에 가자.

A : 좋은 생각이야. 가자.

주

- idea : f. 생각, 의견, 견해
- biblioteca : f. 도서관
- estudiar : 공부하다(제 1 변화동사)
- tragedia : f. 비극
- estupendo : 굉장한

라 까르따
21. La carta

에스따쓰 에스끄리비엔도 우나
A : ¿Estás escribiendo una
까르따
carta?

씨 레 에스끄리보 아 미 아미가
B : Sí, le escribo a mi amiga.

돈데 에스따 예야
A : ¿Dónde está ella?

예야 에스따 엔 꼬레아
B : Ella está en Corea.
예야 에스뚜디아 엔 라
Ella estudia en la
우니베르시닫 데 꼬레아
universidad de Corea.

께 에스뚜디아
A : ¿Qué estudia?

피씨까
B : Física.

21. 편지

A : 너 지금 편지 쓰고 있니?

B : 그래. 내 여자 친구에게 편지를 쓰고 있어.

A : 그녀는 어디에 있니?

B : 한국에 있어. 한국 대학에서 공부하고 있거든.

A : 무슨 공부를 하니?

B : 물리학이야.

주

- carta : f. 편지, 카아드
- escribiendo : escribir(쓰다)의 현재분사형(제 3 변화동사)
  제 3 변화동사 직설법 현재는 ir를 떼고 다음과 같이 어미를 붙인다.

	단수	복수
1인칭	-o	-emos
2인칭	-es	-éis
3인칭	-e	-en

- Física : f. 물리학

라 뿌에르따

22. La puerta

에스따 쎄라다 라 뿌에르따

A : ¿Está cerrada la puerta?

노 에스따 아비에르따

B : No. Está abierta.

끼엔 에스따 엔 라 뿌에르따

A : ¿Quién está en la puerta?

까르멘 에스따

B : Carmen está.

께 에스따 아씨엔도

A : ¿Qué está haciendo?

에야 에스따 쎈따다

B : Ella está sentada.

에스따 쏠로

A : ¿Está sólo?

씨

B : Sí.

22. 문 (현관)

A : 현관이 닫혀 있니?
B : 아니. 열려 있어.
A : 현관에 누가 있니?
B : Carmen이 있어.
A : 무엇을 하고 있니?
B : 앉아 있어.
A : 혼자 있니?
B : 그래.

주

- puerta : f. 현관, 문
- cerrada : cerrar (닫다, 닫히다)의 과거분사형 (p. p)
- abierta : abrir (열다) 의 p. p형
- haciendo : hacer (하다, 만들다) 의 현재분사형
- sentada : sentar (앉히다) 의 p. p형
- sólo : 혼자, 오직, 단지

뗑고 수에뇨
23. Tengo sueño

아오라 뗑고 무쵸 수에뇨
A: Ahora tengo mucho sueño.

아 께 오라 떼 레반떼스
B: ¿A qué hora te levantes?

메 레반떼 알 라스 씬꼬 델
A: Me levanté a las cinco de la

마드루가다
madrugada.

떼 레반따스 아 아껠
B: ¿Te levantas a aquel

띠엠뽀 또도스 로스 디아쓰
tiempo todos los días.

노 쏠라멘떼 오이
A: No. Solamente hoy.

23. 나는 졸립다

A : 지금 나는 무척 졸려워.

B : 몇시에 일어나는데 그래?

A : 새벽 5시에 일어났어.

B : 매일 그 시간에 일어나니?

A : 아니야. 오늘만.

주

- sueño : m. 꿈, 잠
- levantarse : 일어나다의 2인칭 단수형 → te levantes
  1인칭 단수형 → me levanto
- Me levanté 는 levantarse(일어나다)의 1인칭 단수 부정 과거형
- cinco : 다섯. a las cinco : 5시에. 몇시에 라는 표현에는 전치사 a를 쓴다.
- madrugada : f. 새벽, 여명
- tiempo : m. 시간
- todos los días : 매일

에스또이 오꾸빠다

24. Estoy ocupada

까르멘 떼 끼에로 인비따르

A : Carmen, te quiero invitar

아 꼬메르

a comer.

엔 꽌도

B : ¿En cuándo?

알 메디오 디아

A : Al medio día.

에스또이 무이 오꾸빠다 알 메디오

B : Estoy muy ocupada al medio

디아

día.

엔똔세스 아 라스 씨에떼 델

A : Entonces, ¿a las siete de

라 따르데

la tarde?

데 아꾸에르도

B : De acuerdo.

24. 나는 바쁘다

A : 까르멘. 너를 식사에 초대하고 싶어.

B : 언제.

A : 정오에.

B : 정오에는 내가 무척 바빠.

A : 그럼 오후 7시엔 어떠니?

B : 좋아.

주

- estar ocupado : 바쁘다.
- invitar : 초대하다.
- comer : 먹다, 식사하다(제 2 변화동사).
- cuándo : 언제 (영어의 when)
- medio : 중간
- el medio día : 정오
- siete : 7
- tarde : f. 오후
- acuerdo : m. 의견의 일치, 협조, 결의

관또 띠엠뽀 쎄

25. ¿Cuánto tiempo se

따르다

tarda?

관또 띠엠뽀 쎄 따르다

A: ¿Cuánto tiempo se tarda

데 아끼 아 잠실

de aquí a Chamshil.

쎄 따르다 우나 오라 엔 딱씨

B: Se tarda una hora en taxi.

엔똔쎄쓰 엔 아우또부쓰

A: Entonces, ¿en autobús?

딸 베쓰 우나 오라 이 메디아

B: Tal vez, una hora y media

쎄 따르다라

se tardara.

잠실 에스따 무이 레호스 데

A: Chamshil está muy lejos de

아끼

aquí.

씨 쎄뇨르

B: Sí, señor.

25. 시간이 얼마나 걸립니까?

A : 여기서 잠실까지 시간이 얼마나 걸립니까?

B : 택시로 한 시간 걸립니다.

A : 그러면 버스로는요?

B : 아마 한시간 반정도 걸릴 겁니다.

A : 잠실은 여기서 멀군요.

B : 네, 그래요. 선생님.

주

- se tarda : tardarse (걸리다)의 3인칭 단수형.
- en taxi : 택시로. en avión : 비행기로. en autobús : 버스로
- de aquí : 여기로부터. de ～a : ～에서 ～까지
- a Chamshil : 잠실까지

26. Sobre la república de Corea (I)
(쏘브레 라 레뿌블리까 데 꼬레아)

A : La República de Corea es una península, ¿verdad?
(라 레뿌블리까 데 꼬레아 에쓰 우나 뻬닌술라 베르닫)

B : Sí. La área es de 98000 kilómetros cuadrados.
(씨 라 아레아 에쓰 데 노벤따이오초밀 낄로메뜨로쓰 꾸아드라도스)

A : Entonces, ¿qué es la capital de Corea?
(엔똔세쓰 께 에쓰 라 까삐딸 데 꼬레아)

B : Seúl.
(세울)

A : ¿Es gran ciudad?
(에쓰 그란 씨우닫)

B : Claro que sí.
(끌라로 께 씨)

26. 대한민국에 대하여(Ⅰ)

A : 대한민국은 반도입니다. 맞지요?

B : 네, 그래요. 면적은 9.8만 제곱미터입니다.

A : 그러면 한국의 수도는 어디입니까?

B : 서울입니다.

A : 대도시인가요?

B : 물론이예요.

주

- sobre : ~위에, ~에 관하여
- república : f. 공화국.
- península : f. 반도
- verdad : 사실, 진실, 진리
- área : f. 지역 면, 면적
- kilómetro : m. 킬로미터
- cuadrado : 네모진, 제곱한
- capital : 수도

27. Sobre la república de Corea (Ⅱ)

쏘브레 라 레뿌블리까 데 / 꼬레아

돈데 에스따 꼬레아
A : Dónde está Corea.

에스따 엔 엘 엑쓰뜨레모 에스떼 데 아시아
B : Está en el extremo este de Asia.

쎄 디쎄 께 꼬레아 에스따 예노 데 에르모사쓰 바예쓰 이 뻬께뇨쓰 몬따뇨쓰 베르닫
A : Se dice que Corea está lleno de hermosas valles y pequeños montañas, ¿verdad?

끌라로 데 아이 쎄 디쎄 께 꼬레아 에쓰 라 수이싸 데 아시아
B : Claro. De ahí, se dice que Corea es "La Suiza de Asia"

27. 대한민국에 대하여(Ⅱ)

A : 한국은 어디에 있읍니까?

B : 아시아의 극동에 있읍니다.

A : 한국에는 아름다운 계곡과 조그마한 산들이 많이 있다고들 합니다. 사실입니까?

B : 네, 그래요. 그 때문에 사람들은 한국을 '아시아의 스위스'라고들 합니다.

주

- extremo : 끝의, 마지막의
- este : m. 동쪽
- lleno de : ~로 가득찬
- hermoso : 아름다운
- valle : m. 계곡, 골짜기
- pequeño : 조그마한, 작은
- montaña : f. 산, 산지, 산악
- ahí : 거기에, 거기서
- se dice que : ~라고들 한다.

28. Pregunte usted a alguien
뻬레군떼 우스뗃 아 알기엔

뽀르 파보르 돈데 에스따 엘
A : Por favor, ¿dónde está el

알마쎈 미도파
Almacén Midopa?

노 메 아꾸에르도 무이 비엔
B : No me acuerdo muy bien.

뻬로 메 빠레쎄 께 에쓰 아이
Pero me parece que es ahí.

뻬레군떼 우스뗃 아 알기엔 뽀르
Pregunte usted a alguien por

아이 오뜨라 베쓰
ahí, otra vez.

부에노 무차쓰 그라씨아쓰
A : Bueno. Muchas gracias.

28. 누구에게 물어 보십시요

A : 저, 미도파 백화점이 어디에 있읍니까?

B : 잘 기억나지는 않습니다만 저쪽인 것 같습니다. 그 근처에서 누구에게 다시 한 번 물어 보십시요.

A : 네. 대단히 감사합니다.

주

- pregunte : preguntar (물어보다)의 존칭명령형
- almacén : m. 창고, 백화점, 가게, 상점
- me acuerdo : acordarse (생각해 내다)의 1인칭 단수형
- alguien : 누가, 누군지
- otra : otro (다른)의 여성형.

에스뻬레 운 모멘또
29. Espere un momento

오이 쎄 바
A : ¿Hoy se va?

씨 보이 아 아쎄르 운 비아헤 아
B : Sí, voy a hacer un viaje a

부산
Busan.

부에노 엔 께 비아하
A : Bueno. ¿En qué viaja

우스뗃 아이
usted ahí?

엔 아비온
B : En avión.

에스뻬레 운 모멘또
A : Espere un momento.

끼에로 이르 아 부산 꼰 우스뗃
Quiero ir a Busan con usted.

부에노
B : Bueno.

29. 잠깐만 기다리세요

A : 오늘 가십니까?

B : 네, 부산까지 여행을 갑니다.

A : 좋습니다. 거기까지 무엇을 타고 가실 겁니까?

B : 비행기로 갈 겁니다.

A : 잠깐만 기다리세요. 저도 당신과 그곳(부산)에 가고 싶습니다.

B : 좋아요.

주

- espere : esperar (기다리다)의 존칭 명령형
- viaje : m. 여행. hacer un viaje : 여행하다
- con : ~을 가지고, 함께, 같이(영어의 with)
- querer+동사원형 : ~하고 싶다.

	단수	복수
1인칭	quiero	queremos
2인칭	quieras	queréis
3인칭	quiera	quieran

30. ¿Qué haces aquí?
께 아쎄스 아끼

A : ¡Hola, Carmen! ¿Qué haces aquí?
올라 까르멘 께 아세쓰 아끼

B : Ves tú, estoy mirando a una chica guapa.
베스 뚜 에스또이 미란도 아 우나 찌까 구아빠

A : ¿A quién?
아 끼엔

B : A tí mismo.
아 띠 미스모

A : ¡Vaya bromista!
바야 브로미스따

30. 너 여기서 무엇하고 있니?

A : 안녕, 까르멘! 너 여기서 무엇하고 있니?

B : 너도 보다시피 예쁜 소녀를 바라보고 있지.

A : 누구?

B : 바로 너 말야.

A : 농담꾼 같으니라구.

주

- Ves : ver (보다)의 2인칭 단수형
- mirando : mirar (보다)의 현재분사형
- chica : f. 소녀
- guapa : guapo (예쁜, 멋있는)의 여성형
- bromista : 농담을 좋아하는, m. 농담꾼

라 뗄레비씨온
31. La televisión

까르멘 떼 구스따 라
A : Carmen, ¿ te gusta la
뗄레비씨온
television ?

씨 이 아 끼엔 노
B : Sí, y ¿a quién no ?

노 메 구스따
A : No me gusta.

뽀르께
B : ¿Porqué ?

뽀르께 라 뗄레비씨온 메
A : Porque la televisión me
아똔따
atonta.

요 삐엔쏘 께 노
B : Yo pienso que no.
메 임뽀르따 라 뗄레비씨온
Me importa la televisión.

31. 텔레비젼

A：까르멘, 너 텔레비젼 좋아하니?

B：그럼. 싫어하는 사람이
어디 있겠니?

A：난 싫어.

B：왜.

A：텔레비젼은 나를 바보로 만들거든.

B：난 그렇지 않다고 생각해.
텔레비젼은 나에게 중요한
것이거든.

주

●atonta：atontar(바보로 만들다)의 3인칭 단수형
●importa：importar(중요하다)의 3인칭 단수형

엔 라 레셉씨온
32. En la recepción

끼에레 빠가르 아오라
A : ¿Quiere pagar ahora?

씨
B : Sí.

꼬모 끼에레 빠가르 엔
A : ¿Cómo quiere pagar, en

쩨께 오 엔 에휙띠보
cheque o en efectivo?

엔 에휙띠보 엔 돌라레쓰
B : En efectivo, en dólares.

비엔 엔 또딸 도쓰시엔또쓰
A : Bien. En total, 200

돌라레쓰 쎄뇨르
dólares, señor.

아끼 로쓰 띠에네
B : Aquí los tiene.

32. 카운터에서

A : 지금 지불하시고 싶으세요?

B : 네.

A : 수표로 지불하시겠어요? 아니면 현금으로 지불하시겠어요.

B : 현금으로요. 달러로 하겠습니다.

A : 좋아요. 모두 200달러입니다. 선생님.

B : 여기 있습니다.

주

- recepción : f. 받음, 접수, 접대, 환영회
- pagar : 지불하다
- cheque : 수표
- efectivo : m. 현금
- dólar : m. 달러
- total : m. 총계, 합계

뗑고 돌로르 데 까베싸

33. Tengo dolor de cabeza

께 띠에네쓰 뚜

A : ¿Qué tienes tú?

뗑고 돌로르 데 까베싸

B : Tengo dolor de cabeza.

엔똔쎄쓰 띠에네쓰 께 이르 알

A : Entonces, tienes que ir al

오스삐딸

hospital.

노 쏠라멘떼 운 뽀꼬

B : No. Solamente un poco

돌로르

dolor.

뻬로 띠에네쓰 께 이르 알

A : Pero tienes que ir al

오스삐딸 뽀르께 뻬께뇨

hospital, porque pequeño

엔훼르메닫 뿌에데 아뜨라에르

enfermedad puede atraer

엔훼르메닫 그란데

enfermedad grande.

33. 나는 머리가 아프다

A : 무슨 일이니?

B : 머리가 아파.

A : 그러면, 병원에 가야만 하잖아.

B : 아니야. 조그마한 통증이 있을 뿐인데 뭐.

A : 하지만 넌 병원에 가야만 해. 왜냐하면 조그마한 병이 큰 병을 불러 들일 수도 있으니까.

주

- dolor : m. 고통, 아픔
- cabeza : f. 머리, 두뇌, 재능
- hospital : m. 병원
- enfermeda : f. 질병, 질환
- puede : poder (~할 수 있다. 영어의 can)의 3인칭 단수형
- atraer : 끌어들이다.

쏘브레 세울
34. Sobre Seúl

엔 세울 비벤 무차
A : En Seúl viven mucha
뽀블라씨온
población.

띠에네쓰 라쏜
B : Tienes razón.
세울 에쓰 라 까삐딸 데 꼬레아
Seúl es la capital de Corea,
뽀르 에쏘 세울 에쓰 라 마쓰
por eso, Seúl es la más
임뽀르딴떼 씨우닫 엔 꼬레아
importante ciudad en Corea.

부에노 뽀르 에쏘 세울
A : Bueno. Por eso, Seúl
띠에네 무초쓰 쁘로블레마쓰
tiene muchos problemas.

끌라로
B : ¡Claro!

34. 서울에 대하여

A : 서울에는 많은 인구가 살고 있다.

B : 네말이 맞아. 서울은 한국의 수도거든. 그래서 서울은 한국에서 가장 중요한 도시지.

A : 그래. 그래서 서울은 많은 문제를 안고 있지.

B : 그래 맞아 !

주

- viven : vivir (살다)의 3인칭 복수형
- población : f. 식민, 인구
- razón : f. 까닭, 이성. tener razón : 옳다
- importante : 중요한
- problema : m. 문제

엔 라 까예

35. En la calle

뽀르 파보르 라 까예

A : Por favor. ¿La calle

이태원

Itaewon?

부에노 미레 베 우스뗀

B : Bueno. Mire ¿Ve usted

아께야 이글레씨아

aquella iglesia?

데 아야 엠삐에싸 라 까예

De allá empieza La calle

이태원

Itaewon.

무차쓰 그라씨아쓰

A : Muchas gracias.

데 나다

B : De nada.

아디오쓰 쎄뇨르

A : Adios, señor.

아디오쓰

B : Adios.

35. 거리에서

A : 이태원로가 어디입니까?

B : 자 보세요. 저기 교회가 보이지요.
거기서부터가 이태원로입니다.

A : 대단히 감사합니다.

B : 천만에요.

A : 안녕히 가세요. 선생님.

B : 안녕히 가십시요.

주

- calle : f. 거리, …로
- mire : mirar (보다)의 존칭 명령형
- iglesia : f. 교회
- allá : 거기, 저곳에, 옛날에

아블라 우스뗃 엘 꼬레아노
36. ¿Habla usted el coreano?

아블라 우스뗃 엘 꼬레아노
A : ¿Habla usted el coreano?

씨 뻬로 무이 뽀꼬
B : Sí, pero muy poco.

우스뗃 아블라 무이 비엔
A : Usted habla muy bien.

무차쓰 그라씨아쓰 뻬로
B : Muchas gracias, pero

또다비아 아블로 말
todavía hablo mal.

엘 꼬레아노 에쓰 무이 디휘씰
El coreano es muy difícil.

노 노 에쓰 디휘씰 에쓰 무이
A : No, no es difícil. Es muy

화씰
fácil.

36. 한국어를 할 줄 아십니까?

A : 당신은 한국어를 할 줄 아십니까?

B : 네. 그렇지만 조금밖에 못합니다.

A : 잘 하시는데요.

B : 감사합니다. 그러나 아직 서툴러서요.
한국말은 매우 어렵습니다.

A : 아니오. 어렵지 않아요. 매우 쉬워요.

주

● hablar : 말하다

	단수	복수
1인칭	hablo	hablamos
2인칭	hablas	habláis
3인칭	habla	hablan

● todavía : 아직

● mal : 나쁜, 서툰. m. 악, 해로움

● difícil : 어려운

● fácil : 쉬운

돈데 메 에스뻬라쓰

37. ¿Dónde me esperas?

메 에스뻬라쓰 엔 라

A: ¿Me esperas en la

까훼떼리아

cafetería?

씨 께 까훼떼리아

B: Sí. ¿Qué cafetería?

쎄 야마 꾸삐드 엔

A: Se llama "Cupid." En

꾸삐드

"Cupid."

부에노 노쓰 에스뻬라

B: Bueno. ¿Nos espera

안또니오 아이

Antonio, ahi?

씨 엔똔세쓰 아스따 라쓰 도쓰

A: Sí. Entonces hasta las dos.

부에노 아스따 라 비스따

B: Bueno. Hasta la vista.

37. 어디서 나를 기다릴거야?

A : 너, 커피숖에서 나를 기다리겠니?

B : 그래. 무슨 커피숖에서 말이니?

A : 큐피드에서.

B : 좋아. 안또니오도 거기서 우리를 기다리니?

A : 그래. 그럼 2시에 보자.

B : 그래. 나중에 보자.

주

- esperas : esperar (기다리다)의 2인칭 단수형
- cafetería : f. coffee shop
- hasta : ~까지

엘 레갈로
38. El regalo

끼에로 꼼쁘라르 운 레갈로
A : Quiero comprar un regalo.

빠라 끼엔
B : ¿Para quién?

빠라 미 마마 마냐나 에쓰
A : Para mi mamá. Mañana es

쑤 꿈쁠레아뇨쓰
su cumpleaños.

께 쁘레피에레 뚜 마마
B : ¿Qué prefiere tu mamá?

예야 쁘레피에레 우나 볼싸 데
A : Ella prefiere una bolsa de

삐엘
piel.

부에노 엔 아께야 에스끼나
B : Bueno. En aquella esquina

에스딴 라쓰 볼싸쓰
están las bolsas.

38. 선물

A : 나는 선물을 사고 싶다.

B : 누구에게 줄려고?

A : 우리 엄마한테. 내일이 엄마 생일이거든.

B : 너희 엄마는 무엇을 좋아하시는데?

A : 가죽 지갑을 좋아하셔.

B : 그러니. 저 구석에 지갑들이 있지.

주

- regalo : m. 선물
- comprar : 사다
- quién : 누구(영어의 who)
- mamá : 엄마. 어머니 : madre
- cumpleaños : 생일
- prefiere : preferir(좋아하다)의 3인칭 단수형
- tu : tú(너)의 소유격
- bolsa : f. 지갑, 가방
- piel : m. 가죽
- esquina : f. 모퉁이, 구석

39. Véase usted el pasaporte
베아쎄 우스뗀 엘 빠싸뽀르떼

베아쎄 우스뗀 엘 빠싸뽀르떼
A : Véase usted el pasaporte.

부에노 아끼
B : Bueno. Aquí...

그라씨아쓰 꼴롬비아노
A : Gracias. ¿Colombiano?

씨 쎄뇨르
B : Sí, señor.

비엔 빠쎄 뽀르 파보르
A : Bien. Pase, por favor.

그라씨아쓰
B : Gracias.

39. 여권을 보여 주십시오

A : 여권을 보여 주세요.

B : 좋아요. 여기 있습니다.

A : 감사합니다. 콜롬비아인이십니까?

B : 네, 그래요. 선생님.

A : 좋아요. 나가십시오.

B : 감사합니다.

주

- vease : verse (보이다)의 존칭 명령형
- pasaporte : m. 여권, 통행증
- colombiano : 콜롬비아의. ㊐ 콜롬비아인, 콜롬비아어
- pase : pasar (지나가다)의 존칭 명령형.

엔 엘 아에로뿌에르또

40. En el aeropuerto

라 살리다 뽀르 파보르

A : ¿La salida? Por favor.

뽀르 아이

B : Por ahí.

그라씨아쓰

A : Gracias.

노 노 뽀르 아끼 노

B : ¡No, no, por aquí no!

뽀르 아이 뽀르 파보르

Por ahí, por favor.

아 부에노 그라씨아쓰

A : ¡Ah, bueno! Gracias.

40. 공항에서

A : 출구가 어느쪽입니까?

B : 저쪽입니다.

A : 감사합니다.

B : 아닙니다. 이쪽이 아니고
저쪽입니다.

A : 아, 그렇군요! 감사합니다.

주

● aeropuerto : m. 공항

● salida : f. 외출, 출발, 출구

꽌또쓰 아뇨쓰 띠에네

41. ¿Cuántos años tiene

우스뗃

usted?

꽌또쓰 아뇨쓰 띠에네 우스뗃

A: ¿Cuántos años tiene usted?

뗑고 뜨레인따도쓰 아뇨쓰 이 우스뗃

B: Tengo 32 años. Y ¿usted?

요 베인띠도쓰아뇨쓰

A: Yo... 22 años.

엔똔세쓰 꽌또쓰 아뇨쓰

Entonces, ¿cuántos años

레 뽀네 우스뗃 아 아께야

le pone usted a aquella

무차차

muchacha?

딸 베쓰 뗀드리아 씽꼬 아뇨쓰

B: Tal vez, tendría 5 años.

에야 에쓰 무이 보니따

A: Ella es muy bonita.

부에노

B: Bueno.

41. 당신은 몇 살입니까?

A : 당신은 몇 살입니까?

B : 32살입니다. 그런데 당신은 몇 살이지요?

A : 저는 22살입니다. 그러면 당신은 저 소녀가 몇 살쯤 되었다고 보세요?

B : 아마 5살 정도 될 것 같은데요.

A : 소녀가 매우 예쁘죠.

B : 그래요.

주

- cuánto : 얼마만큼의, 얼마나, 몇개의
- año : m. 해, 년
- pone : poner (놓다)의 3인칭 단수형
- muchacha : f. 소녀
- tendría : tener (갖다)의 가능법 3인칭 단수형
- bonita : bonito (예쁜)의 여성형
- ella : 그녀 (영어의 She)

42. ¿Qué tiempo hace hoy?
(께 띠엠뽀 아쎄 오이)

A : ¿Qué tiempo hace hoy?
(께 띠엠뽀 아쎄 오이)

B : Hace mal tiempo.
(아쎄 말 띠엠뽀)

A : ¿Hace sol ahora?
(아쎄 쏠 아오라)

B : Sí. Pero hace mucho viento.
(씨 뻬로 아쎄 무초 비엔또)

A : Entonces, ¿no es tan conveniente para jugar el partido de fútbol?
(엔똔세쓰 노 에쓰 딴 꼰베니엔떼 빠라 후가르 엘 빠르띠도 데 훝볼)

B : Sí, señor.
(씨 쎄뇨르)

42. 오늘 날씨가 어떻습니까?

A : 오늘 날씨가 어떻습니까?

B : 날씨가 좋지 않아요.

A : 해는 떴나요?

B : 그래요. 하지만 바람이 많이 부는군요.

A : 그러면 축구게임하는 데는 그렇게 좋지는 않겠군요.

B : 네. 그래요. 선생님.

주

- sol : m. 태양.
- viento : m. 바람. hacer sol : 해가 떠있다.
  hacer viento : 바람이 불다.
- conveniente : 편리한, 안성마춤의, 어울리는

끼엔 에쓰 엘

43. ¿Quién es él?

끼엔 에쓰 엘

A : ¿Quién es él?

에쓰 미 쁘로훼쏘르

B : Es mi profesor.

께 엔쎄냐

A : ¿Qué enseña?

엘 엔쎄냐 라 이스또리아

B : El enseña la historia

꼬레아나

coreana.

부에노 에쓰 인떼레싼떼

A : Bueno. ¿Es interesante?

끌라로 께 씨 라 끌라쎄 마쓰

B : Claro que sí. La clase más

인떼레싼떼

interesante.

43. 그분은 누구십니까?

A : 그분은 누구십니까?
B : 우리 교수님이십니다.
A : 무엇을 가르치는데요?
B : 한국사를 가르치지요.
A : 그래요. 한국사는 재미있읍니까?
B : 물론이예요. 가장 재미있는 수업이지요.

주

- él : 그(영어의 he)
- profesor : m. 교수
- enseña : enseñar (가르치다)의 3인칭 단수
- historia : f. 역사
- interesante : 재미있는

델 라 파밀리아

44. De la familia

꽌또쓰 쏜 뚜스

A : ¿Cuántos son tus

에르마노쓰

hermanos?

뗑고 씽꼬 에르마노쓰 도쓰

B : Tengo cinco hermanos, dos

에르마노쓰 이 뜨레쓰 에르마나쓰

hermanos y tres hermanas.

이 우스뗃

¿Y usted?

뗑고 쏠라멘떼 우나

A : Tengo solamente una

에르마나 메노르

hermana menor.

꽌또쓰 아뇨쓰 띠에네 에야

B : ¿Cuántos años tiene ella?

디에쓰 아뇨쓰

A : Diez años.

44. 가족에 대하여

A : 너, 형제가 몇이지?

B : 5형제입니다. 남자 둘, 여자 셋이지요. 당신은요?

A : 여동생이 하나 있을 뿐이야.

B : 몇 살인데요?

A : 10살 먹었지.

주

- familia : f. 가족
- hermano : m. 형제
- hermana : f. 누이, 자매
- menor : pequeño의 비교급, 보다작은, 보다어린
- diez : 10

엔 라 에스따씨온
45. En la estación

빠라 꽌도 에쓰 엘 뜨렌
A : ¿Para cuándo es el tren?

빠라 라스 뜨레쓰
B : Para las tres.

께다 뜨레인따 미누또쓰
A : Queda treinta minutos.

아 돈데 바 우스뗀
¿A dónde va usted?

아 대 구
B : A Daegu.

부에노 대 구 에쓰 우나
A : Bueno. ¿Daegu es una

씨우닫 무이 구아빠
ciudad muy guapa?

노 요 삐엔쏘 께 노
B : No. Yo pienso que no.

45. 역에서

A : 몇시 기차입니까?
B : 3시 기차입니다.
A : 30분 남았군요. 어디까지 가십니까?
B : 대구까지 갑니다.
A : 그래요. 대구는 매우 멋진 도시입니까?
B : 아뇨, 저는 그렇게 생각하지 않아요.

주

- estación : f. 역
- tren : m. 기차
- minuto : m. 분. ㉭ 작은, 세밀한
- treinta : 30

께 까로
46. ¡Qué caro!

판또 에쓰 에스떼
A : ¿Cuánto es éste?

쎄이쓰 밀 워네쓰 쎄뇨라
B : Seis mil wones, señora.

에쓰 바라또
Es barato.

께 까로
A : ¡Qué caro!

노 노 쎄뇨라 에쓰 무이 바라또
B : No, no, señora. Es muy barato.

뻬로 빠라 미 에쓰 데마씨아도
A : Pero para mí es demaciado

까로
caro.

노 아이 알구노 마쓰 바라또
¿No hay alguno más barato?

씨 꼬모 노
B : Sí. ¡Cómo no!

46. 정말 비싸구나

A : 이것 얼마입니까?

B : 6천원입니다 부인. 싸지요.

A : 와, 비싸군요.

B : 아니요, 아닙니다 부인. 매우 싼 거예요.

A : 하지만 나에겐 너무 비싸군요. 좀 더 싼 것은 없습니까?

B : 있읍니다. 왜 없겠어요.

주

- caro : 비싼
- éste : 이것(지시대명사)
- seis : 6
- mil : 천
- barato : 싼
- cómo : 어떻게

엔 라 레셉씨온 델

47. En la recepción del

오뗄

hotel

엔 께 아비따씨온 에스따

A : ¿En qué habitación está

우스뗀

usted?

엔 라 아비따씨온 누메로

B : En la habitación número

씨엔또 쎄이쓰

ciento seis.

돈데 에스따 쑤 말레따

A : ¿Dónde está su maleta?

에스따 아이

B : Está ahí.

돈데

A : ¿Dónde?

에스따 엔 엘 아스쎈쏘르

B : Está en el ascensor.

47. 호텔 카운터에서

A : 당신은 몇 호실 방에 있읍니까?

B : 106호실 방입니다.

A : 당신의 트렁크는 어디에 있읍니까?

B : 저기요.

A : 어디 말입니까?

B : 엘리베이터에 있읍니다.

주

- hotel : m. 호텔
- habitación : f. 방
- número : number
- ciento : 100
- maleta : f. 여행용 가방, 트렁크
- ascensor : m. 승강기, 엘리베이터

엔 라 인포르마씨온
48. En la información (Ⅰ)

부에노쓰 디아쓰
A : Buenos días.

부에노쓰 디아쓰 쎄뇨르
B : Buenos días, señor.

끼에로 이르 아 세울 뽀르
A : ¿Quiero ir a Seúl, por

파보르
favor?

엔 아비온 오 엔 뜨레
B : ¿En avión o en tren?

엔 아비온
A : En avión.

부에노 운 모멘또
B : Bueno. Un momento.

48. 안내소에서(I)

A : 안녕하세요.

B : 안녕하세요. 선생님.

A : 서울에 가려고 합니다만…

B : 비행기로 가실건가요. 아니면
기차로 가실건가요?

A : 비행기로요.

B : 좋아요. 잠깐만 기다려보세요.

주

●información : f. 알림, 통보, 소식, 정보

엔 라 인포르마씨온
49. En la información(Ⅱ)

아이 무초쓰 부엘로쓰
A: ¿Hay muchos vuelos?

끌라로 께 씨 쎄뇨르
B: Claro que sí, señor.

부에노 엔똔세쓰 노 아이
A: Bueno, entonces ¿no hay

알균 부엘로 알 라스 도쓰
algún vuelo a las dos?

운 모멘또 보이 아
B: Un momento. Voy a

꼰술따르 엘 오라리오
consultar el horario.

부에노 그라씨아쓰
A: Bueno. Gracias.

49. 안내소에서(Ⅱ)

A : 비행기편이 많이 있습니까?

B : 물론입니다. 선생님.

A : 그래요. 그러면 2시엔 비행기가 없습니까?

B : 잠깐만 기다리세요. 제가 시간표를 살펴보도록 하지요.

A : 좋아요. 감사합니다.

주

- vuelo : m. 비행, 날개
- consultar : 상담하다. 의논하다, 찾다
- horario : m. 시침, 시간표

께 페차 에쓰 오이
50. ¿Qué fecha es hoy?

꽌도 비에네 뚜 빠드레 데
A : ¿Cuándo viene tu padre de
에스빠냐
España ?

마냐나 델 라 마냐나
B : Mañana de la mañana.

께 페차 에쓰 오이
A : ¿Qué fecha es hoy ?

오이 에쓰 엘 쎄이쓰 데
B : Hoy es el seis de
쎕띠엠브레
septiembre.

엔똔세쓰 뚜 빠드레 비에네 엘
A : Entonces, tu padre viene el
씨에떼
siete.

라쏜
B : Razón.

50. 오늘이 몇일이지?

A : 너의 아버지는 언제 스페인에서 돌아오니?

B : 내일 아침에.

A : 오늘이 몇일인데?

B : 9月 6日이야.

A : 그러면 너의 아버지는 7日날 돌아오시는 거구나.

B : 그래 맞아.

주

- fecha : f. 날짜
- padre : m. 아버지
- septiembre : 9월
- seis : 6
- mañana : 내일. la mañana : 아침

엔 엘 빠시요
51. En el pasillo

뽀르 파보르 돈데 에스타 라
A : Por favor. ¿Dónde está la
아비타씨온 도쓰씨엔또쓰이우노
habitación 201.

라 아비따씨온 도쓰씨엔또쓰이우노
B : ¿La habitación 201?

씨 뽀르 파보르
A : Sí, por favor.

부에노 바모쓰
B : Bueno. Vamos.

그라씨아쓰
A : Gracias.

데 나다 아끼 에쓰
B : De nada. Aquí es.

무차쓰 그라씨아쓰
A : Muchas gracias.

51. 복도에서

A : 실례합니다만, 201호실이 어디에 있습니까?

B : 201호실이라고요?

A : 네.

B : 좋아요. 갑시다.

A : 감사합니다.

B : 천만에요. 여기입니다.

A : 대단히 감사합니다.

주

- pasillo : m. 복도, 낭하
- vamos : 갑시다. ir (가다)의 1인칭 복수 명령 vamonos 를 줄여 흔히 vamos로 사용한다.

라 부엘따

52. La vuelta.

꽌또 에쓰 뽀르 파보르

A : ¿Cuánto es, por favor?

쎄이쓰 씨엔또쓰 워네쓰

B : Seis cientos wones.

아끼 띠에네 우스뗃

A : Aqui tiene usted.

라 부엘따 쎄뇨르

B : La vuelta, señor.

빠라 우스뗃

A : Para usted.

무차쓰 그라씨아쓰 쎄뇨르

B : Muchas gracias, señor.

데 나다 아디오쓰

A : De nada, adios.

아디오쓰 쎄뇨르

B : Adios, señor.

52. 거스름돈

A : 얼마입니까?

B : 600원 입니다.

A : 여기 있습니다.

B : 거스름돈이 여기 있습니다, 손님.

A : 당신 가지세요.

B : 대단히 감사합니다, 손님.

A : 천만에, 안녕히 가세요.

B : 안녕히가세요, 손님.

주

- vuelta : 회전, 구부러짐, 거스름돈
- para usted : 당신을 위하여의 뜻, 곧 당신가지시오

라 아비따씨온

53. La habitación

에쓰 오스꾸라 라 아비따씨온

A : ¿Es oscura la habitación?

노 에쓰 무이 끌라라

B : No. Es muy clara.

돈데 에스따 엘 쎄르비씨오

A : ¿Dónde está el servicio?

에스따 쎄르까 델 라 뿌에르따

B : Está cerca de la puerta.

에쓰 그란데 라 벤따나 델

A : ¿Es grande la ventana de

라 아비따씨온

la habitación?

노 노 에쓰 딴 그란데

B : No, no es tan grande.

53. 방(房)

A : 방이 어두운가요.

B : 아니요. 무척 밝아요.

A : 화장실은 어디에 있죠?

B : 현관 옆에 있어요.

A : 방의 창문은 큰가요.

B : 아니요. 그렇게 크지 않아요.

주

- habitación : f. 방
- oscuro : 어두운, 암담한
- claro : 밝은, 맑은, 명백한
- servicio : m. 봉사, 사무 업무, (공중) 변소
- cerca de : ~옆에, ~근처에
- ventana : f. 창

엔 라 리브레리아
54. En la librería.

뽀르 파보르 끼에로 꼼쁘라르
A : Por favor, quiero comprar
우나 노벨라 인떼레싼떼
una novela interesante.

께 떼 빠레쎄 에스떼 리브로
B : ¿Qué te parece este libro,
쎄뇨르
señor?

에쓰 엘 리브로 이스또리꼬
A : ¿Es el libro histórico?

씨 쎄뇨르 뻬로 에쓰 무이
B : Sí, señor. Pero es muy
인떼레싼떼
interesante.

메 빠레쎄 께 에쓰 아부리도
A : Me parece que es aburrido.

엔똔세쓰 아껠 리브로
B : Entonces, ¿aquel libro?

부에노
A : Bueno.

54. 서점에서

A : 저, 재미있는 소설책 한권 사고 싶은데요.

B : 이 책은 어떠세요 ? 선생님.

A : 역사책이잖아요 ?

B : 네. 선생님. 하지만 매우 재미있어요.

A : 저는 지루할 것 같은데요.

B : 그러면 저 책은 어떠세요 ?

A : 좋아요.

주

- librería : f. 서점, 도서실
- novela : f. 소설(=ficción)
- histórico : 역사상의, 역사적인
- aburrido : 따분한

55. Hoy no es posible
(오이 노 에쓰 뽀씨블레)

A : Misu, ¿recuerdas nuestro reunión?
(미수 레꾸에르다쓰 누에스뜨로 레우니온)

B : ¿Cuándo es?
(꽌도 에쓰)

A : Es hoy.
(에쓰 오이)

B : ¿Hoy? No es posible.
(오이 노 에쓰 뽀씨블레)

A : Empieza a las seis de la tarde.
(엠삐에싸 알 라스 쎄이쓰 델 라 따르데)

B : ¿En dónde?
(엔 돈데)

A : Esta vez es en la casa de Inyeong.
(에스따 베쓰 에쓰 엔 라 까사 데 인영)

55. 오늘은 불가능하다

A : 미수야, 너 우리 모임 기억하지?

B : 언제지?

A : 오늘이야.

B : 오늘이라고? 오늘은 불가능해.

A : 오후 여섯시에 시작이야.

B : 어디에서.

A : 이번에는 인영이 집에서야.

주

- posible : 가능한
- recuerdas : recordar (기억하다, 그리워하다)의 2인칭 단수형
- reunión : f. 결합, 모임, 회합

뚜 뜨라바하쓰 무초
56. Tú trabajas mucho

엔 돈데 뜨라바하쓰
A : ¿En dónde trabajas?

뽀를 라 마냐나 뜨라바호 엔
B : Por la mañana trabajo en

운 방꼬 이 뽀를 라 따르데 엔
un banco y por la tarde en

미 까사
mi casa.

께 뜨라바하쓰 엔 뚜 까사
A : ¿Qué trabajas en tu casa?

꼰떼스또 엘 뗄레포노 라보
B : Contesto el teléfono, lavo

로스 쁠라또쓰 이 쁘레빠로 라 쎄나
los platos y preparo la cena

뜨라바하쓰 무초
A : ¡Trabajas mucho!

씨 뜨라바호 또도쓰 로쓰 디아쓰
B : Sí, trabajo todos los días.

56. 너는 일을 열심히 한다

A : 너 어디에서 일하고 있니?

B : 아침나절엔 은행에서, 오후엔
우리집에서 일하고 있어.

A : 너의 집에선 무슨 일을 하니?

B : 전화받고, 접시닦고,
저녁 준비를 하지.

A : 정말 일을 많이 하는구나!

B : 그래, 하루종일 일을 하니까.

주

- trabajas : trabajar (일하다)의 2인칭 단수형
- banco : m. 은행
- contesto : contestar (대답하다. 응하다)의 1인칭 단수
- teléfono : m. 전화
- lavo : lavar (씻다. 세탁하다)의 1인칭 단수형
- preparo : preparar (준비하다)의 1인칭 단수형

쏘브레 엘 베라노

57. Sobre el verano

아세 무초 깔로르

A : Hace mucho calor.

에쓰 나뚜랄 뽀르께 아오라

B : Es natural, porque ahora

에쓰 베라노

es verano.

오이 아쎄 마쓰 깔로르 께

A : Hoy hace más calor que

아예르

ayer.

띠에네쓰 라쏜

B : Tienes razón.

께 떼 빠레쎄 께 바모쓰

A : ¿Qué te parece que vamos

알 삐쓰씨나

al piscina?

부에나 이데아

B : ¡Buena idea!

57. 여름에 대하여

A : 날씨가 매우 덥다.

B : 지금은 여름이니 당연하잖아.

A : 오늘은 어제보다 더 더운데.

B : 네말이 맞아.

A : 우리 수영장 가는게 어때?

B : 좋은 생각이야

주

- calor : m. 열, 더위
- natural : 자연의, 당연한, 보통의
- ayer : 어제
- piscina : f. 수영장, 풀장

엔 라 띠엔다 델 뜨라헤

58. En la tienda del traje

띠에네 우스뗃 알군 뜨라헤

A : ¿Tiene usted algún traje

빠라 에스떼 니뇨

para este niño?

씨 꼬모 노 미레

B : Sí. Cómo no. Mire.

메 구스따 아껠 뜨라헤

A : Me gusta aquel traje.

부에노 쏠로 뜨레인따 밀 워네스

B : Bueno. Sólo treinta mil wones.

데마씨아도 까로

A : Demaciado caro.

엔똔세쓰 께 레 빠레쎄

B : Entonces, ¿qué le parece

에스떼 뜨라헤

este traje?

쏠로 쎄이쓰 밀 워네스

Sólo seis mil wones.

부에노 다메 뽀르 파보르

A : Bueno, dame, por favor.

58. 옷가게에서(Ⅰ)

A : 이 애가 입을만한 옷이 있읍니까?

B : 네 있지요. 왜 없겠어요. 보세요.

A : 저 옷이 맘에 드는군요.

B : 좋아요. 값은 단지 3만원밖에 안합니다.

A : 너무 비싸군요.

B : 그러면 이 옷은 어떻습니까? 6천원 밖에 안합니다.

A : 좋아요. 주십시요.

주

- tienda : f. 상점, 가게
- traje : m. 옷
- niño : m. 소년 niña : 소녀
- dame : 나에게 주시오. 긍정 명령문에서 목적어는 동사 뒤에 온다.

엔 라 띠엔다 델 뜨라헤
59. En la tienda del traje

끼에레 우스뗃 알고
A : ¿Quiere usted algo?

씨 끼에로 베르 알구노쓰
B : Sí, quiero ver algunos

베스띠도쓰
vestidos.

부에노 빠쎄 아덴뜨로 이 베아
A : Bueno, pase adentro y vea.

그라씨아쓰 에스또쓰 베스띠도 쏜
B : Gracias. Estos vestidos son

빠라 엘 오또뇨
para el otoño.

씨 쎄뇨라 쏜 델 라
A : Sí, señora. Son de la

울띠마 모다
última moda.

59. 옷가게에서(Ⅱ)

A : 무엇을 원하시죠?

B : 옷을 좀 볼려구요.

A : 좋아요. 들어와서 구경하세요.

B : 고마와요. 이 옷들은 가을옷이군요.

A : 네, 그래요, 부인. 최신
유행형이지요.

주

- vestido : m. 의복, 옷
- pase : pasar의 존칭 명령형
- adentro : 안으로, 안쪽에
- vea : ver (보다)의 존칭 명령형
- otoño : m. 가을
- último : 최후의, 최근의
- moda : f. 유행

아 께 오라 쌀레 엘

60. ¿A qué hora sale el

뜨렌

tren?

아 께 오라 쌀레 엘

A: ¿A qué hora sale el

쁘록씨모 뜨렌 빠라 광주

próximo tren para Kwangju?

살레 알 라스 디에쓰 이 메디아

B: Sale a las diez y media.

아 께 오라 예가 아이

A: ¿A qué hora llega allí?

예가 알 라스 도쓰

B: Llega a las dos.

60. 기차가 몇시에 출발합니까?

A : 광주행 다음 기차가 몇시에 출발합니까?

B : 10시 30분에 출발합니다.

A : 그곳엔 몇시에 도착합니까?

B : 두시에 도착합니다.

주

- tren : m. 기차
- a qué hora : ~몇시에
- sale : salir (나가다. 떠나다. 외출하다)의 3인칭 단수형
- próximo : 인접한, 바로 다음의, 가까운
- llega : llegar (도착하다)의 3인칭 단수형

께 디쎄 엘 뻬리오디꼬
61. ¿Qué dice el periódico
데 오이
de hoy?

께 디쎄 엘 뻬리오디꼬 데
A: ¿Qué dice el periódico de
오이
hoy?

디쎄 께 마냐나 바 아 아쎄르
B: Dice que mañana va a hacer
무쵸 비엔또
mucho viento.

이 알고 마쓰
A: ¿Y algo más?

아이 빠르띠도 데 베이쓰볼 엔 엘
B: Hay partido de béisbol en el
깜뽀 데 데뽀르떼쓰 잠실
campo de deportes Chamshil.

61. 오늘 신문에 무슨 기사가 실렸읍니까?

A : 오늘 신문에 무슨 기사가 실렸읍니까?

B : 내일 바람이 몹시 분다는군요.

A : 또 다른 것은요?

B : 잠실 운동장에서 야구 경기가 있답니다.

주

- dice : decir (말하다)의 3인칭 단수형
- periódico : m. 신문
- partido : m. 티임, 시합, 정당
- campo : m. 들, 장소
- deporte : m. 운동, 스포츠

뿌에도 푸마르

62. ¿Puedo fumar?

빼르돈 뿌에도 푸마르

A: Perdón. ¿Puedo fumar?

씨 노 임뽀르따

B: Sí. No importa.

오이가 호벤 뿌에도 아브리르

A: Oiga, joven. ¿Puedo abrir

라 벤따나 뗑고 무쵸

la ventana? Tengo mucho

깔로르

calor.

씨 요 미쓰모 라 아브로

C: Sí. Yo mismo la abro.

62. 담배를 피워도 될까요?

A : 미안합니다만 제가 담배를 피워도 괜찮겠습니까?

B : 네. 괜찮아요.

A : 이보게 젊은이. 내가 창문을 좀 열어도 되겠나? 너무 더워서 그래요.

C : 네. 제가 열어드리지요.

주

- fumar : 담배를 비우다
- perdón : m. 용서, 사면
- joven : m. 젊은이
- abrir : 열다
- abro : abrir (열다)의 1인칭 단수형

63. ¿De qué color quiere?
데 께 꼴로르 끼에레

A : ¿Qué quiere usted?
께 끼에레 우스뗀

B : Quiero comprar una corbata.
끼에로 꼼쁘라르 우나 꼬르바따

A : ¿De qué color la quiere?
데 께 꼴로르 라 끼에레

B : Azul, por favor.
아쑬 뽀르 파보르

63. 무슨 색깔을 원하십니까?

A : 무엇을 사시겠읍니까? (무엇을 원하십니까?)

B : 넥타이를 하나 사고 싶은데요.

A : 무슨 색깔을 원하시죠?

B : 파란색으로 주세요.

주

- color : m. 색깔
- corbata : f. 넥타이
- azul : 푸른. m. 청색, 푸른색

64. En el tren
엔 엘 뜨렌

부에나쓰 따르데쓰
A : Buenas tardes.

부에나쓰 따르데쓰
B : Buenas tardes.

에스따 리브레 에스떼 씨띠오
A : ¿Está libre este sitio?

씨 리브레
B : Sí, libre.

엔똔세쓰 뿌에데 쎈따르메
A : Entonces ¿puede sentarme

아끼
aquí?

끌라로 께 씨
B : Claro que sí.

64. 기차 안에서

A : 안녕하세요.

B : 안녕하세요.

A : 이 좌석 비어 있습니까?

B : 네. 비어 있습니다.

A : 그러면 제가 여기 앉아도 될까요?

B : 물론이죠.

주

- libre : 자유의, 자유로운, (~이) 없는
- sitio : 장소, 곳, 좌석
- sentarme : sentarse(앉다)의 1인칭
  sentar는 앉히다 라는 타동사인데, 뒤에 재귀대명사를 붙혀 자동사화한 것이다.

띠에네 우스뗃 모네다쓰

65. ¿Tiene usted monedas?

뽀르 파보르 노 아이 알군

A : Por favor, ¿no hay algún

뗄레포노 뿌블리꼬 뽀르 아끼

teléfono público por aquí?

씨 아이 엔 라 에쓰끼나 아이

B : Sí. Ahí en la esquina hay.

그라씨아쓰

A : Gracias.

데 나다 띠에네 우스뗃

B : De nada. ¿Tiene usted

모네다쓰

monedas?

씨 쎄뇨리타 그라씨아쓰

A : Sí, señorita, gracias.

65. 동전 있읍니까?

A : 실례합니다만 여기에는 공중전화가 없읍니까?

B : 있어요. 저기 모퉁이에 있어요.

A : 감사합니다.

B : 천만에요. 동전은 갖고 계세요.

A : 네 아가씨. 감사합니다.

주

- moneda : f. 돈, 화폐
- público : 공공의. teléfono público : 공중전화
- señorita : 아가씨, 양, 미혼의 여성에게 쓰임 (영어의 Miss)

엔 라 띠엔다 델 라
66. En la tienda de la
무녜까
muñeca

께 띠에네스 엔 라 마노
A : ¿Qué tienes en la mano,
김
Kim ?

뗑고 라 무녜까
B : Tengo la muñeca.

께 보니따 에쓰
A : ¡Qué bonita es !

끌라로 께 씨 에쓰 데 꼬레아
B : Claro que sí. Es de Corea.

부에노 끼에로 꼼쁘라르
A : Bueno. Quiero comprar
무녜까 꼬모 에싸
muñeca como esa.

66. 인형 가게에서

A : 김, 너 손에 무엇을 가지고 있니?

B : 인형이야

A : 정말 예쁘구나.

B : 물론이야. 한국제품이야.

A : 그래. 나도 그런 인형을 사고싶어.

주

- muñeca : f. 인형
- mano : f. 손

께 데쎄안 우스떼데쓰
67. ¿Qué desean ustedes
데 뽀스뜨레
de postre?

께 데쎄안 우스떼데쓰 데
A: ¿Qué desean ustedes de
뽀스뜨레
postre?
요 운 엘라도 데 우바
B: Yo, un helado de uva.
요 우나 만싸나 뽀르 파보르
C: Yo, una manzana, por favor.
이 알고 마쓰
A: ¿Y algo más?
이 까페 무이 까르가도
B: Y café, muy carcado.
요 노 쏠로 우나 만싸나
C: Yo, no. Sólo una manzana.

67. 후식으로는 무엇을 드시겠읍니까?

A : 후식으로는 무엇을 드시겠읍니까?

B : 나는 포도 아이스크림.

C : 나는, 사과를 주세요.

A : 또 다른 것은 더 없읍니까?

B : 커피요, 아주 진하게

C : 나는 사과만 주세요.

주

- postre : m. 후식, 디저트
- helado : m. 얼음과자, 아이스크림
- uva : f. 포도
- manzana : f. 사과
- carcado : 농후한, 진한, 무더운

께 　 뻴리꿀라 　 에스딴
68. ¿Qué película están

엑씨비엔도
exhibiendo?

께 　 뻴리꿀라 　 에스딴
A: ¿Qué película están

엑씨비엔도 　 엔 　 엘 　 씨네 　 세울
exhibiendo en el Cine Seúl?

에스딴 　 엑시비엔도 　 뽕
B: Están exhibiendo "Pong".

끼엔에쓰 　 쏜
A: ¿Quienes son

쁘로따고니스따쓰
protagonistas?

엘 　 쁘로따고니스따 　 성 　 기
B: El protagonista, Seonggui

안
An.

라 　 쁘로따고니스따 　 미 　 숙 　 리
La protagonista, Misuk Lee.

68. 무슨 영화가 상영되고 있읍니까?

A : 서울극장에서 무슨 영화가 상영되고 있읍니까?

B : "뽕"이 상영되고 있읍니다.

A : 주인공이 누구지요?

B : 남자 주인공은 안 성기이고, 여자 주인공은 이 미숙입니다.

주

- película : f. 필름, 영화
- exhibiendo : exhibir (내보이다. 공개하다. 상영하다)의 현재분사형
- protagonista : 주인공. a로 끝나있으나 여성형이 아니고 남녀 공통으로 쓰인다. 즉 남자 주인공 하면 정관사의 남성형 el을, 여자 주인공 하면 정관사의 여성형 la를 쓰면 된다.

아 끼엔 부스까 우스뗀

69. ¿A quién busca usted?

아 돈데 바 우스뗀

A : ¿A dónde va usted?

보이 알 라 아비따씨온 도쓰씨엔또스뜨레스

B : Voy a la habitación 203.

아 끼엔 부스까 우스뗀

A : ¿A quién busca usted?

보이 아 베를레 아 미 아미고

B : Voy a verle a mi amigo.

부에노 빠쎄

A : Bueno. Pase.

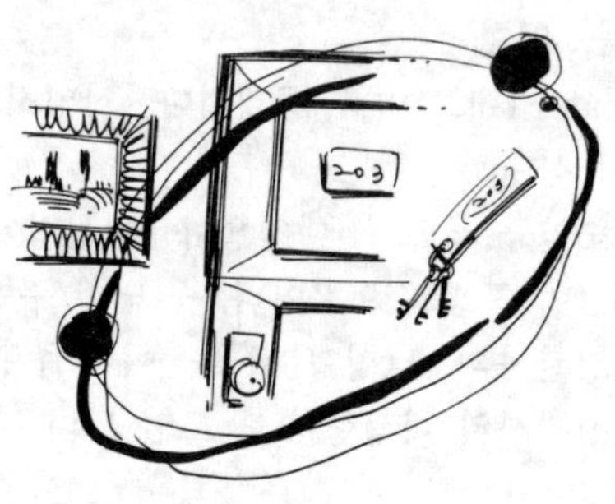

69. 누구를 찾으십니까?

A : 어디 가시죠?

B : 203호실에 갑니다.

A : 누구를 찾으시는데요?

B : 저의 친구를 만나러가는데요.

A : 그래요. 가십시요.

● busca : buscar (찾다)의 3인칭 단수형

라 까예 명 동
70. La Calle Meongdong

아브라 무차 헨떼 엔 라
A : ¿Habrá mucha gente en la
까예 명 동 아오라
Calle Meongdong, ahora ?

데베 아베르 무차
B : Debe haber mucha.
엔 아껠 씨띠오 아이 무차
En aquel sitio hay mucha
헨떼 씨엠쁘레
gente siempre.

바모쓰 아 명 동
A : Vamos a Meongdong.

빠라 께
B : ¿Para qué ?

70. 명동거리

A : 지금 명동거리에 사람이 많을까?

B : 틀림없이 많을거야.

그곳엔 항상 사람이 많으니까.

A : 우리 명동 가자

B : 뭐하러?

주

- habrá : haber (있다. 가지다)의 가능법 3인칭 단수형
- gente : f. 사람
- debe : deber의 3인칭 단수형.
  debert원형 : ~임에 틀림없다.
- siempre : 항상

떼레포노쓰

71. Teléfonos (I)

오이가 쎄 뿌에데 뽀네르 루이쓰

A : Oiga. ¿Se puede poner Luis?

끼엔 아블라

B : ¿Quién habla?

쏘이 김

A : Soy Kim.

부에노 에스뻬라 운 모멘또

B : Bueno, espera un momento.

* * *

올라 김 께 딸

C : ¡Hola, Kim! ¿Qué tal?

비엔 께 아쎄쓰 아오라 엔

A : Bien. ¿Qué haces ahora en

까사

casa?

에스또이 아블란도 꼰 뚜 뽀르

C : Estoy hablando con tú por

떼레포노

teléfono.

71. 전화(I)

A : 여보세요. 루이스 있습니까?

B : 누구십니까?

A : 저는 김입니다.

B : 그래요. 잠깐만 기다리세요.

C : 안녕, 김. 어떻게 지내니?

A : 잘 지내. 너 지금 집에서 뭐하고 있니?

C : 너하고 전화로 통화하고 있잖아

주

- poner : 놓다.
- espera : esperar(기다리다)의 3인칭 단수형
- hablando : hablar(이야기하다. 말하다)의 현재분사형
- con : 전치사, ~을 가지고, ~와 함께(영어의 with)

72. Teléfonos (II)

떼레포노스

오이가 오이가 뽀르 파보르

A : Oiga, oiga, por favor.

디가

B : Diga.

에스따 미수 엔 까사

A : ¿Está Misu en casa?

노 노 에스따 아오라

B : No, no está ahora.

끼엔 레 야마 포르 파보르

¿Quién le llama, por favor?

레 야마 호세

A : Le llama José.

부에노 뿌에데 우스뗀

B : Bueno. ¿Puede usted

야마를레 오뜨라 베쓰 운 뽀꼬

llamarle otra vez un poco

마쓰 따르데

más tarde?

72. 전화(Ⅱ)

A : 여보세요. 여보세요.

B : 말씀하세요.

A : 미수 집에 있습니까?

B : 아뇨. 지금 없는데요.
누구십니까?

A : 호세입니다.

B : 그래요. 조금 후에 다시 전화해 주시겠습니까?

주

● tarde : f. 오후, 저녁. ㊇ 늦게, 늦어서

● otra vez : 다시 한 번

라 띠에네 레쎄르바다

73. ¿La tiene reservada?

뽀르 파보르 띠에네

A: Por favor. ¿Tiene

아비따씨온

habitación?

라 띠에네 레쎄르바다

B: ¿La tiene reservada?

노 노 뿌에도 아쎄를로

A: No, no puedo hacerlo.

비엔 끼에레 라

B: Bien. ¿Quiere la

아비따씨온 인디비두알

habitación individual?

노 우나 아비따씨온 도블레

A: No. Una habitación doble,

뽀르 파보르

por favor.

73. 예약을 하셨읍니까?

A : 실례합니다만 방이 있읍니까?

B : 예약하셨나요?

A : 아닙니다. 못했읍니다.

B : 그러세요. 독방을 원하세요?

A : 아닙니다. 2인용 방을 원해요.

주

- reservado : 예약된, m. 예약한 방
- individual : 개인의
- doble : 2중의

뽀드리아 뜨라두씨르메 에스따
74. ¿Podría traducirme esta
까르따
carta?

뽀드리아 뜨라두씨르메 에스따
A: ¿Podría traducirme esta
까르따 엔 에스빠뇰
carta en español?

로 씨엔또 무쵸 뻬로
B: Lo siento mucho, pero
아오라 미쓰모 노 뗑고
ahora mismo no tengo
띠엠뽀
tiempo.

엔똔쎄쓰 마냐나
A: Entonces, ¿mañana?

마냐나 씨
B: Mañana, sí.

74. 이 편지 좀 번역해주시겠읍니까?

A : 이 편지 좀 스페인어로 번역해 주시겠읍니까?

B : 죄송합니다만 지금 당장은 시간이 없읍니다.

A : 그러면 내일은요?

B : 내일은 됩니다.

주

- traducir : 번역하다, 통역하다.
- carta : f. 편지, 카아드
- en español : 스페인어로, en coreano : 한국어로

꼬모 쎄 디쎄 로싸
75. ¿Cómo se dice "rosa"
엔 꼬레아노
en coreano?

꼬모 쎄 디쎄 로싸 엔
A: ¿Cómo se dice "rosa" en
꼬레아노
coreano?

쎄 디쎄 장 미
B: Se dice "Jangmi"

엔똔쎄쓰 꼬쓰모쓰
A: Entonces, ¿"Cosmos"?

쎄 디쎄 꼬쓰모쓰
B: Se dice Cosmos.

75. "Rosa"를 한국어로 뭐라고 하지요?

A : "Rosa"를 한국어로 뭐라고 합니까?

B : 장미라고 합니다.

A : 그러면 "Cosmos"는요?

B : 코스모스 라고 하지요.

주

- rosa : f. 장미
- cómo se dice : 무어라고 부릅니까?

노 삐싸르 라 쎄스뻳

76. No pisar la cesped

바모쓰 아 아쎄르 우나

A : Vamos a hacer una

포또그라피아 델란떼 데 에쎄

fotografía delante de ese

아르볼

árbol.

부에노 바모쓰

B : Bueno. Vamos.

오이가 뽀르 파보르

C : Oiga, por favor,

쎄 쁘로이베 엔뜨라르 엔 에쎄

se prohibe entrar en ese

씨띠오

sitio.

께 디쎄

A : ¿Qué dice?

디고 께 노 삐싸르 라 쎄스뻳

C : Digo que no pisar la cesped.

76. 잔디를 밟지 마세요

A : 저 나무 앞에서 사진 한장 찍으러 가자.

B : 좋아 가자.

C : 여보세요 그곳에 들어가면 안됩니다.

A : 뭐라구요?

C : 잔디를 밟지 말라구요.

주

- pisar : 밟다
- cesped : f. 잔디
- fotografía : f. 사진
- delante de : ~의 앞에
- árbol : m. 나무
- prohibe : prohibir (금하다. 금지하다)의 3인칭 단수형
  prohibir+동사원형 : ~하는 것을 금지하다.

쎄 쁘로이베 푸마르

77. Se prohibe fumar

까바예로 까바예로 띠에네

A : Caballero, caballero, ¿tiene

께 노 푸마르 아끼

que no fumar aquí ?

로 씨엔또 무쵸 쎄뇨르

B : Lo siento mucho, señor.

엔똔쎄쓰 돈데 뿌에도

Entonces, ¿dónde puedo

푸마르

fumar ?

아이 아이 에스따 쌀라 데 푸마르

A : Ahí, ahí está sala de fumar.

그라씨아쓰

B : Gracias.

그라씨아쓰 아 우스뗃

A : Gracias a usted.

77. 금 연

A : 이봐요. 이봐요. 여기에서는 담배를 피워서는 안됩니다.

B : 죄송합니다 선생님.
그러면 어디에서 담배를 피울 수 있읍니다.

A : 저기요. 저기에 흡연실이 있읍니다.

B : 감사합니다.

A : 천만에요.

주

- caballero : m. 신사, 기사
- sala de fumar : 흡연실

엘 알무에르쏘

78. El almuerzo

요 뗑고 무차 암브레

A : Yo tengo mucha hambre.

엔똔세쓰 바야쓰 아 운

B : Entonces ¿vayas a un

레스따우란떼

restaurante?

오예 까르멘 바모쓰 아

A : Oye, Carmen, vamos a

알모르싸르

almorzar.

야 쏜 라쓰 도쓰

Ya son las dos.

뻬로 노 뗑고 암브레 뽀르

B : Pero, no tengo hambre, por

에쏘 노 끼에로 알모르싸르

eso no quiero almorzar.

부에노 엔똔세쓰 쏠로 보이

A : Bueno. Entonces sólo voy

아 꼬메르

a comer

78. 점 심

A : 나는 매우 배가 고파.

B : 그러면 식당에 가려므나.

A : 야. 까르멘 우리 점심 먹으러 가자.
벌써 두 시야.

B : 하지만 나는 배가 고프지 않아.
그래서 점심도 먹고 싶지 않지.

A : 좋아. 그러면 혼자 먹으러
가야되겠군.

주

- almuerzo : m. 점심
- restaurante : m. 식당
- vayas : ir (가다)의 2인칭 단수 명령형. 가거라
- por eso : 그래서

79. ¿Te duele mucho?
떼 두엘레 무초

오예 메 씨엔또 말 델
A: Oye, me siento mal del
에스또마고
estómago.

께 띠에네쓰 떼 두엘레
B: ¿Qué tienes? ¿Te duele
무초
mucho?

노 무초 뻬로 씨 알고
A: No, mucho, pero sí algo…

엔똔세쓰 끼에레쓰 이르 알
B: Entonces, ¿quieres ir al
쎄르비씨오
servicio?

끼에로 아쎄를로 뻬로 엔 라
A: Quiero hacerlo. Pero ¿en la
까예 노 아이 쎄르비씨오
calle no hay servicios?

79. 많이 아프니?

A : 야. 나 배가 아파.

B : 무슨 일이야? 많이 아프니?

A : 심하지는 않지만 좀……

B : 그러면 화장실에 가겠니?

A : 그래. 하지만 길거리에는 화장실이 없잖니?

주

●estómago : m. 위

쏘브레 라 보니따 아미가

80. Sobre la bonita amiga

삐 삐 끼엔 에쓰 아께야

A : Pepe, ¿quién es aquella

찌까

chica ?

꽐

B : ¿Cuál ?

라 찌까 께 아블라스떼 훈또

A : La chica que hablaste junto

아 띠

a tí.

에쓰 까르멘 에쓰 무이

B : Es Carmen. ¿Es muy

보니따

bonita ?

씨 에쓰 뚜 아마가

A : Sí. ¿Es tu amiga ?

끌라로

B : ¡Claro !

80. 예쁜 여자친구에 대하여

A : 삐삐. 저 여자애는 누구니?

B : 어떤 애 말이니?

A : 너하고 같이 이야기 했었던 여자애 말야.

B : 까르멘이야. 굉장히 예쁘지?

A : 그래. 너의 여자 친구니?

B : 그럼.

주

- hablaste : hablar(말하다. 이야기하다)의 부정과거 2인칭 단수형
- junto a : ~와 함께
- tí : tú(너)의 전치격 인칭대명사

노　　떵고　　　마쓰　　께　　도쓰밀
81. No tengo más que 2,000
워네쓰
wones

안또니오　　　꽌또　　　디네로
A : Antonio, ¿cuánto dinero
띠에네쓰　아오라
tienes ahora ?

노　　떵고　　마쓰　　께　　도쓰밀
B : No tengo más que 2,000
워네스
wones.

뿌에데쓰　　　쁘레스따르메　　　아껠
A : ¿Puedes prestarme aquel
디네로
dinero ?

노　　뿌에도　　　아쎄를로　　　　뽀르께
B : No puedo hacerlo, porque
떵고　　께　　　꼼쁘라르　　　　운　　리브로
teno que comprar un libro
꼰　　엘　디네로
con el dinero.

81. 2,000원 밖에 없읍니다

A : 안또니오, 너 지금 돈 얼마나 갖고 있니?

B : 이천원 밖에 없어.

A : 그돈 나에게 빌려줄 수 있겠니?

B : 안 되겠어. 그 돈으로 책을 한권 사야만 하거든.

주

- prestar : 빌려주다, 제공하다
- dinero : m. 돈
- tener : 가지다의 현재 인칭 변화

	단수	복수
1인칭	tengo	tenemos
2인칭	tienes	tenéis
3인칭	tiene	tienen

- tener que+동사원형 : ～해야만 한다(영어의 must, have to)

씰렌씨오
82. ¡ Silencio !

데한 데 그리따르 딴또 뽀르
A : Dejad de gritar tanto, por
화보르
favor.

뽀르께
B : ¿ Porqué ?

노 싸벤 께 에스딴 엔 운
A : ¿ No saben que están en un
오뗄
hotel ?
아끼 노 에쓰 쑤 까사
Aquí no es su casa.

씨 씨 부에노
B : Sí, sí, bueno.

에스딴 보라쵸쓰
A : ¿ Están borrachos ?

노 노 에스따모쓰 보라쵸쓰
B : No, no estamos borrachos.

82. 조용히 하세요

A : 제발 그렇게 소리 좀 지르지 마세요.

B : 왜요?

A : 당신들이 호텔에 있다는 걸 모르세요?
여기는 여러분의 집이 아니란 말입니다.

B : 네. 네. 알겠습니다.

A : 여러분들 취했군요?

B : 아니요, 취하지 않았어요.

주

- silencio : m. 조용, 고요, 정적
- dejad : dejar (그만두다)의 2인칭 복수명령형
- gritar : 소리지르다.
- borracho : 술취한

돈데 에스따모쓰
83. ¿Dónde estamos?

돈데 에스따모쓰
A : ¿Dónde estamos?

에스따모쓰 엔 라 엔뜨라다 데 라
B : Estamos en la entrada de la

까예 세 종
Calle Saejong.

뗑고 미에도 아 데하르메 엔
A : Tengo miedo a dejarme en

라 까예
la calle.

노 쎄 쁘레오꾸뻬
B : No se preocupe.

씨엠쁘레 에스또이 꼰 우스뗃
Siempre estoy con usted.

83. 여기가 어디입니까?

A : 여기가 어디죠?

B : 세종로 입구예요.

A : 길을 잃지나 않을까 두렵군요.

B : 걱정마세요. 항상 제가 당신과 함께 있을테니까요.

주

- entrada : f. 입구
- miedo : m. 겁, 공포
- no se preocupe : preocuparse (걱정하다)의 부정존칭 명령형

께 에쓰 쑤 오피씨오

84. ¿Qué es su oficio?

께 에쓰 쑤 오피씨오

A : ¿Qué es su oficio?

아오라 베 우스뗀 쏘이 엘

B : Ahora ve usted, soy el

꼰둑또르 델 딱씨

conductor del taxi.

쎄 꼰뗀따 꼰 쑤

A : ¿Se contenta con su

오피씨오

oficio?

뽀르 쑤뿌에스또

B : Por supuesto.

아데마쓰 쏘이 오르구요 데 쎄르

Además soy orgullo de ser

꼰둑또르

conductor.

오 부에노

A : ¡Oh, bueno!

84. 당신의 직업은 무엇입니까?

A : 당신의 직업은 뭐죠?

B : 지금 당신이 보시다시피 택시 운전사입니다.

A : 당신 직업에 만족은 하세요.

B : 물론이예요. 자랑스럽게 조차 생각되는 걸요.

A : 아, 그러세요.

주

- oficio : m. 일, 직업
- conductor : m. 지도자. 운전사
- contenta : contentar (만족시키다)의 3인칭 단수형
  contentarse con : ~에 만족하다.
- orgullo : 자랑스러운, 긍지가 대단한
  ~de : ~에 자부심을 가진

85. ¡Tenga cuidado del coche!
(뗑가 꾸이다도 델 꼬체)

A : 오예 쎄뇨라
Oye, señora.

엘 쎄마포로 에스따 로호
El semáforo está rojo.

노 싸베 께 씨엠쁘레 띠에네
¿No sabe que siempre tiene

께 꾸이다르 델 꼬체 엔 까예
que cuidar del coche en calle?

B : 씨 비엔
Sí, bien.

A : 엔똔쎄쓰 띠에네 께 끄루싸르
Entonces tiene que cruzar

뽀르 라 까예 꽌도 엘
por la calle cuando el

쎄마포로 에스따 베르데
semáforo está verde.

B : 부에노
Bueno.

85. 차조심 하세요

A : 이보세요, 부인.
신호등이 빨간불이잖아요.
거리에서는 항상 차조심을
해야한다는 걸 모르세요?

B : 네 잘 알아요.

A : 그러면 신호등이 녹색일 때 길을
건너셔야죠.

B : 네, 그렇군요.

주

- tenga : tener (가지다)의 존칭 명령형
- cuidado : m. 주의, 조심
- semáforo : m. 신호등
- rojo : 빨간
- cruzar : 횡단하다. 건너다
- verde : 녹색

엔 라 라반데리아
86. En la lavandería

씨 뿌에데 라바르 에스따
A : ¿Se puede lavar esta

까미싸 아 마냐나
camisa a mañana?

씨 쎄뇨르 꼬모 라
B : Sí, señor. ¿Cómo la

끼에레
quiere?

쎄 뿌에데 림삐아르 엔 쎄꼬
A : Se puede limpiar en seco.

비엔 뿌에쓰 에쏘
B : Bien, pues eso.

86. 세탁소에서

A : 내일까지 이 와이셔츠를 세탁해 주실 수 있으세요?

B : 네, 손님. 어떻게 해드릴까요?

A : 드라이크리닝 해주세요.

B : 알겠읍니다. 그렇게 해드리지요.

주

- lavandería : f. 세탁소
- camisa : f. 와이셔츠
- limpiar : 세탁하다, 씻다, 닦다.
- en seco : 드라이크리닝으로

뻬레쎈또 아 우스뗀 아 미

87. Presento a usted a mi

아미가

amiga

뻬레쎈또 아 우스뗀 아 미

A : Presento a usted a mi

아미가 까르멘

amiga Carmen.

무쵸 구스또 엔 꼬노쎄를로

B : Mucho gusto en conocerlo.

무쵸 구스또 땀비엔

C : Mucho gusto, también.

데 돈데 비에네 우스뗀

B : ¿De dónde viene usted?

벵고 데 아르헨띠나

C : Vengo de Argentina.

87. 저의 친구를 소개합니다

A : 당신에게 내친구 까르멘을 소개합니다.

B : 당신을 알게되어 기쁩니다.

C : 저 역시 기쁩니다.

B : 어디에서 오셨읍니까?

C : 아르헨티나에서 왔읍니다.

주

● presento : presentar (소개하다. 제출하다)의 1인칭 단수형

● conocer : 알다

엔 라 뻴루께리아
88. En la peluquería

끼에레 꼬르따르 엘 뻴로
A : ¿Quiere cortar el pelo?

씨
B : Sí.

꼬모 로 끼에레 우스뗃
A : ¿Cómo lo quiere usted?

니 라르고 니 꼬르또
B : Ni largo ni corto.

비엔 쎄 씨엔떼 아끼 쎄뇨르
A : Bien. Se siente aquí, señor.

부에노 로 마쓰 구아뽀
B : Bueno. Lo más guapo
뽀씨블레 뽀르 파보르
posible, por favor.

하 하 뿌에쓰 에쏘
A : Ja, Ja, pues eso.

88. 이발소에서

A : 머리를 자르실려구요?

B : 네.

A : 어떻게 잘라드릴까요?

B : 길지도 짧지도 않게(해주세요).

A : 좋아요. 여기 앉으세요 손님.

B : 그러지요. 가능한한 멋있게좀 ·····

A : 하하. 그러지요.

주

- peluquería : f. 이발소
- cortar : 자르다
- pelo : m. 머리카락, 털
- largo : 긴
- corto : 짧은

89. ¿Quién llama?
(끼엔 야마)

끼엔 야마 알 라 뿌에르따

A : ¿Quien llama a la puerta?

에쓰 엘 까르떼로 뜨라에 우나

B : Es el cartero. Trae una

까르따 빠라 띠

carta para tí.

운 모멘또

A : Un momento.

뚜 레씨베쓰 무차쓰 까르따쓰

B : Tú recibes muchas cartas,

니뇨 베르닫

niño, ¿verdad?

씨 쎄뇨르

A : Sí. señor.

89. 누구세요?

A : 누구세요?

B : 우편 배달부입니다. 편지 한 통 가져왔는데요.

A : 잠깐만요.

B : 너는 편지를 많이 받는구나 꼬마야, 그렇지?

A : 네, 아저씨

주

- cartero : m. 우편배달부
- recibes : recibir (받다)의 2인칭 단수형

데　　끼엔　　에쓰　에스떼　　렐로흐
90. ¿De quién es este reloj ?

데　　끼엔　　에쓰　에스떼　　렐로흐
A : ¿De quién es este reloj ?

노　　레꾸에르도　　비엔　　뻬로
B : No recuerdo bien, pero

끼싸쓰　　쎄라　　데　　까르멘
quizás sera de Carmen.

엔똔세쓰　　꽐　　렐로흐　　에레쓰
A : Entonces, ¿ cuál reloj eres

데　띠
de tí ?

에스떼　　에쓰　엘　미오
B : Este es el mío.

90. 이 시계는 누구의 것입니까?

A : 이 시계 누구의 것이니?

B : 잘은 모르겠지만 아마 까르멘의 것일거야.

A : 그러면 어떤 시계가 네것이니?

B : 이거야.

주

- reloj : m. 시계
- de quién : 누구의 것
- quizás : 아마
- sera : ser (이다)의 가능법 3인칭 단수

에스따바모쓰 데마씨아도
91. Estábamos demaciado
깐싸도쓰
cansados

뽀르께 노 비니쓰떼이쓰 아 미
A : ¿Porqué no vinisteis a mi
까사 아예르
casa ayer ?

에스따바모쓰 데마씨아도
B : Estábamos demaciado
깐싸도쓰 빠라 이르 아 쑤 까사
cansados para ir a su casa.

엔똔세쓰 메 뚜비스떼이쓰 께
A : Entonces me tuvisteis que
뗄레포네아르
telefonear.

로 씨엔또 무쵸 쎄뇨르
B : Lo siento mucho, señor.

91. 우리는 너무 지쳐 있었읍니다

A : 너희들은 어제 왜 우리집에 오지 않았지?

B : 당신집에 가기에는 우리가 너무 지쳐있었어요.

A : 그렇다면 너희들은 나에게 전화를 해 주었어야 했잖아.

B : 대단히 죄송합니다, 선생님.

주

- estabamos : estar (있다)의 불완료과거 1인칭 복수형
- cansado : 피곤한, 지친
- vinisteis : venir (오다)의 부정과거 2인칭 복수형
- telefonear : 전화하다.
- Lo siento mucho : 대단히 죄송합니다.

돈데 에스따 우나 빠라다

92. ¿Dónde está una parada

데 꼬체쓰

de coches?

돈데 에스따 우나 빠라다 데

A : ¿Dónde está una parada de

꼬체쓰

coches?

끄루쎄 라 까예 이 씨가 데레초

B : Cruce la calle y siga derecho.

에스따 무이 레호쓰 데 아끼

A : ¿Está muy lejos de aquí?

노 노 에쓰 딴 레호쓰 끼싸쓰

B : No, no es tan lejos. Quizás

따르다리아 씬꼬 미누또쓰 아 삐에

tardaría cinco minutos a pie.

그라씨아쓰

A : Gracias.

데 나다

B : De nada.

92. 주자창이 어디에 있읍니까?

A : 주차장이 어디에 있읍니까?
B : 길을 건너서 곧장(똑바로) 가십시요.
A : 여기에서 매우 멀리 떨어져 있읍니까?
B : 아니예요. 그렇게 멀지 않아요. 아마 걸어서 오분 정도 걸릴 겁니다.
A : 감사합니다.
B : 천만에요.

주

- parada : f. 정류장, 주차장
- cruce : cruzar (건너다. 횡단하다)의 존칭 명령형
- tardaría : tardar ((시간이) 걸리다)의 가능법 3인칭 단수
- a pie : 걸어서

싸베 우스뗃 돈데

93. ¿Sabe usted dónde

나씨오 에야

nació ella?

싸베 우스뗃 돈데 나씨오

A : ¿Sabe usted dónde nació

에야

ella?

씨 로 쎄

B : Sí, lo sé.

돈데

A : ¿Dónde?

나씨오 엔 대 구

B : Nació en Daegu.

엔똔쎄쓰 에야 에쓰 데 대

A : Entonces, ella es de Dae

구

-gu.

라쏜

B : Razón.

93. 그녀가 어디에서 태어났는지 아십니까?

A : 당신은 그녀가 어디에서 태어났는지 아세요?

B : 네, 알지요.

A : 어디인데요?

B : 대구에서 태어났어요.

A : 그렇다면 그녀는 대구 출신이군요.

B : 맞아요.

주

- nació : nacer (태어나다)의 부정과거 3인칭 단수형
- sabe : saber (알다)의 3인칭 단수형

뿌에데 쁘레쓰따르메 엘

94. ¿Puede prestarme el

엔쎈데도르

encendedor?

뽀르 파보르 뿌에데

A: Por favor. ¿Puede

쁘레쓰따르메 엘 엔쎈데도르

prestarme el encendedor?

아끼 에스따

B: Aquí está.

무차쓰 그라씨아쓰

A: Muchas gracias.

데 나다

B: De nada.

아디오쓰 쎄뇨르

A: Adios, señor.

아디오쓰 아쓰따 라 비쓰따

B: Adios, hasta la vista.

94. 라이타 좀 빌려주세요?

A : 저, 실례합니다만 라이타 좀 빌려주시겠읍니까?

B : 여기 있읍니다.

A : 대단히 감사합니다.

B : 천만에요.

A : 안녕히 가십시요, 선생님.

B : 안녕히 가세요.

주

- encendedor : m. 라이터, 점화기.
- hasta la vista : 원뜻은 다시 볼 때 까지 안녕.

께 에쓰 쑤쓰 아피씨오네쓰

95. ¿Qué es sus aficiones?

께 에쓰 쑤쓰 아피씨오네쓰

A : ¿Qué es sus aficiones?

미쓰 아피씨오네쓰 쏜 레르 이

B : Mis aficiones son leer y

끄쎄르

cocer.

이 우스뗃

¿Y usted?

미 아피씨온 에쓰 후가르

A : ¿Mi afición? Es jugar.

하 하 부엔 브로미쓰따

B : Ja, ja. ¡Buen bromista!

95. 취미가 무엇입니까?

A : 당신의 취미는 뭐죠?

B : 제 취미는 독서와 요리예요.
당신은요?

A : 제 취미요? 노는 거지요.

B : 하. 하. 농담도 잘 하셔

주

- afición : f. 기호, 취미.
- leer : (책을) 읽다.
- cocer : 요리하다, 삶다, 굽다, 찌다.

에쏘 에쓰 쁘레씨오 피호

96. Eso es precio fijo

꽌또 에쓰 에스따 꼬르바따

A : ¿Cuáto es esta corbata ?

쎄이쓰 밀 워네쓰

B : Seis mil wones.

노 쁘에데 우스뗃 바하르 엘

A : ¿No puede usted bajar el

쁘레시오

precio ?

노 뿌에도 아쎄를로

B : No puedo hacerlo.

에쏘 에쓰 쁘레씨오 피호

Eso es precio fijo.

96. 그것은 정찰가격입니다.

A : 이 넥타이 얼마죠?

B : 육천원입니다.

A : 가격좀 깎아주실 수 없으신가요?

B : 깎아드릴 수가 없읍니다. 그것이 정찰가격이거든요.

주

- precio : 가치, 댓가, 가격
- fijo : 정해진, 고정된
- bajar : 내려가다. 내리다

바모쓰 알 끈씨에르또
97. Vamos al concierto

까르멘 께 바쓰 아 아쎄르
A: Carmen, ¿qué vas a hacer
에스따 노체
esta noche ?

야 노로 쎄
B: Ya nolo sé.

씨 에스따쓰 리브레 에스따 노체
A: Si estás libre esta noche,
바모쓰 알 끈씨에르또
vamos al concierto.

부에노
B: Bueno.

엔똔세쓰 아 께 오라 노쓰
A: Entonces, ¿a qué hora nos
엔끈뜨라모쓰
encontramos ?

알 라쓰 씨에떼
B: A las siete.

97. 음악회에 가자

A : 까르멘 오늘밤 너 뭐할거니?

B : 아직 모르겠어.

A : 오늘밤 시간 있으면 음악회에 가자.

B : 그래 좋아.

A : 그러면 우리 몇시에 만날까?

B : 일곱시에 만나자.

주

- concierto : m. 연주회, 음악회
- noche : f. 밤
- encontramos : encontrar (만나다)의 1인칭 복수형
- siete : 7

98. En la restaurante
엔 라 레쓰따우란떼

께 데쎄안 쎄뇨레쓰
A : ¿Qué desean señores?

메누 뽀르 파보르
B : Menú, por favor.

아끼 에스따
A : Aquí está.

우노 데 소빠 데 베르두라
B : Uno de sopa de verdura,

뽀르 파보르
por favor.

이 뚜
Y ¿tú?

요 땀비엔
C : Yo, también.

비엔 아오라 쎄르비모쓰
A : Bien. Ahora servimos.

98. 식당에서

A : 무엇을 주문하시겠읍니까 손님?

B : 메뉴좀 갖다 주세요.

A : 여기 있읍니다.

B : 야채 수우프 하나요. 그러면 너는 뭘 먹겠니?

C : 나도 야채 수우프.

A : 네. 곧 갖다드리지요.

주

- menú : m. 메뉴, 식단
- sopa : f. 수우프
- verdura : f. 녹색, 청과, 야채
- servimos : servir (봉사하다. 식사 시중을 들다)의 1인칭 복수

노 레꾸에르또 비엔
99. No recuerdo bien

데 끼엔 에쓰 에스따 볼싸
A : ¿De quién es esta bolsa?

노 레꾸에르도 비엔 뻬로 딸
B : No recuerdo bien, pero tal

베쓰 쎄리아 데 미 석
vez sería de Miseog.

엔똔쎄쓰 꽐 볼싸 에쓰
A : Entonces, ¿cuál bolsa es

데 우스뗀
de usted?

에스따 에쓰 라 미아
B : Ésta es la mía.

아껠 리브로
A : ¿Aquel libro?

에쓰 엘 미오 땀비엔
B : Es el mío también.

99. 잘 모르겠읍니다

A : 이 지갑은 누구의 것입니까?

B : 잘 모르겠읍니다만 아마 미석이 것 일 겁니다.

A : 그러면 어떤 지갑이 당신 것이지요?

B : 이것이 제것입니다.

A : 저 책은요?

B : 역시 제것입니다.

아이 우나 아비따씨온 리브레

100. ¿ Hay una habitación libre ?

부에나쓰 노체쓰

A : Buenas noches.

아이 우나 아비따씨온 리브레

¿ Hay una habitación libre ?

씨 쎄뇨라

B : Sí, señora.

라 아비따씨온 씨엔 또 이 세이쓰 에스따 리브레

La habitación 106 está libre.

아끼 띠에네 우스뗃 라 야베

Aquí tiene usted la llave.

비엔 엔똔세쓰 메 아쎄

A : Bien. Entonces, ¿ me hace

엘 파보르 데 모베르 미

el favor de mover mi

말레따 알 라 아비따씨온

maleta a la habitación ?

꼬모 노

B : ¡ Cómo no !

100. 빈방 있읍니까?

A : 안녕하세요.
빈방 있읍니까?

B : 네 부인. 106호실이 비어 있읍니다.
여기 열쇠를 드리지요 (열쇠가 있읍니다).

A : 좋아요. 그러면 제 트렁크 좀 그 방까지 옮겨주시겠읍니까?

B : 물론입니다.

주

- buenas noches : 저녁인사
- señora : 부인. 결혼한 여성에게 쓰임 (영어의 Mrs).
- llave : f. 열쇠
- mover : 움직이다. 옮기다

엔 엘 쑤뻬르메르까도
101. En el supermercado

뽀르 파보르 돈데 에스따 라
A : Por favor. ¿Dónde está la
레추가
lechuga ?

에스따 엔 라 이쓰끼에르다
B : Está en la izquierda.

에쓰 프레쓰까
A : ¿Es fresca ?

끌라로 께 씨
B : Claro que sí.

이 돈데 에스따 라
A : Y ¿dónde está la
만떼끼야
mantequilla ?

에스따 데뜨라쓰 델 라 까하
B : Está detrás de la caja.

101. 수퍼마켇에서

A : 저 상치가 어디있죠?

B : 왼쪽에 있습니다.

A : 신선한가요.

B : 물론입니다.

A : 그리고 버터는 어디에 있나요?

B : 상자 뒤에 있습니다.

주

- supermercado : m. 수퍼마켇
- lechuga : f. 상치
- izquierda : f. 왼쪽
- fresco : 신선한, 서늘한
- mantequilla : f. 버터
- detrás de : ~의 뒤에
- caja : f. 상자, 케이스

에쓰 무이 꼬모다

102. Es muy cómoda

돈데 에스따 뚜 까사

A : ¿Dónde está tu casa?

에스따 엔 안국 동

B : Está en Angug-Dong.

에쓰 그란데 뚜 까사

A : ¿Es grande tu casa?

노 노 에쓰 딴 그란데

B : No, no es tan grande.

빼로 노 에쓰 딴 빼께뇨

Pero no es tan pequeña.

에쓰 꼬모다

A : ¿Es cómoda?

씨 에쓰 무이 꼬모다

B : Sí, es muy cómoda.

102. 아주 편리합니다

A : 너희 집이 어디니?

B : 안국동이야.

A : 집이 크니.

B : 아니야. 그렇게 크지 않아. 하지만 그렇게 작지도 않지.

A : 편리하니?

B : 그래. 아주 편리해.

주

- cómodo : 안락한, 쾌적한, 편리한
- pequeño : 조그마한, 작은

뗑고 께 깜비아르 데

103. ¿Tengo que cambiar de

뜨렌

tren?

데 돈데 비에네 엘 뜨렌

A: ¿De dónde viene el tren?

엘 뜨렌 비에네 데 부산

B: El tren viene de Busan.

엔똔세쓰 뗑고 께

A: Entonces, ¿tengo que

깜비아르 데 뜨렌 엔 대 구

cambiar de tren en Daegu?

노 노 띠에네 께 아쎄를로

B: No, no tiene que hacerlo.

뽀르께 엘 뜨렌 바 아 세울

Porque el tren va a Seúl.

103. 제가 기차를 갈아 타야만 합니까?

A : 그 기차가 어디 발 기차지요?

B : 부산발 입니다.

A : 그러면 제가 대구에서 기차를 갈아 타야합니까?

B : 아닙니다. 그럴 필요가 없읍니다. 그 기차가 서울까지 가니까요.

주

● cambiar : 바꾸다. 교환하다.
　cambiar de tren : 기차를 갈아타다

● no tener que＋동사원형 : ～할 필요가 없다.

● tiene : tener의 3인칭 단수형.

엔 엘 에쓰딴꼬
104. En el estanco

께 끼에레 우스뗃
A : ¿Qué quiere usted?

끼에로 꼼쁘라르 엘 씨가리요
B : Quiero comprar el cigarillo.

아끼 에스따
A : Aquí está.

아이 엘 엔쎈데도르
B : ¿Hay el encendedor

땀비엔
también?

씨 베아 우스뗃
A : Sí. Vea usted.

메 빠레쎄 께 에스떼 에쓰
B : Me parece que éste es

부에노
bueno.

꽌또 에쓰
¿Cuánto es?

104. 담배 가게에서

A : 무엇을 원하시죠?

B : 담배를 사고 싶은데요.

A : 여기 있읍니다.

B : 라이타도 있읍니까?

A : 네. 여기 보세요.

B : 이것이 좋은 것 같군요.
얼마죠?

주

●estanco : m. 전매, 전매품, 담배가게, 우표판매소.

●cigarillo : m. 담배, 궐련

엔 엘 무쎄오
105. En el museo

께 떼 빠레쎄 에스떼
A : ¿Qué te parece este

꾸아드로
cuadro ?

노 쎄 비엔 쏠라멘떼
B : No sé bien. Solamente

씨엔또 께 에쓰 운 뽀꼬
siento que es un poco

꼼쁠레호
complejo.

요 삐엔쏘 께 노
A : Yo pienso que no.

엔똔세쓰 꼬모 삐엔싸쓰
B : Entonces, ¿cómo piensas ?

메 빠레쎄 께 에쓰 데마씨아도
A : Me parece que es demaciado

모노또노
monótono.

105. 미술관에서

A : 너는 저 그림 어떻다고 생각하니?
B : 잘 모르겠어. 단지 좀 복잡하다고 느낄 뿐이야.
A : 나는 그렇게 생각 안해.
B : 그러면 어떻게 생각하니?
A : 내겐 너무 단순하게 보여.

주

- museo : m. 박물관, 미술관
- cuadro : 4각, 네모진 것, 그림, 광경
- complejo : 복잡한, 복합의, m. 복합(체)
- monótono : 단조로운

부엔 쁘로베쵸
106. Buen provecho

부엔 쁘로베쵸 쎄뇨리따
A: ¡Buen provecho, señorita!

그라씨아쓰 우스뗀 땀비엔
B: Gracias, usted también.

메 구스따 무쵸 라쓰
A: Me gusta mucho las

만싸나쓰
manzanas.

메 구스따 무쵸 라쓰 우바쓰
B: Me gusta mucho las uvas.

쎄뇨라 에스떼 뻬스까도 에쓰
A: Señora, este pescado es

무이 델리씨오쏘
muy delicioso.

오 부에노
B: ¡Oh, bueno!

106. 많이 드십시오

A : 많이 드세요, 아가씨.

B : 감사합니다. 당신두요.

A : 저는 사과를 무척 좋아하지요.

B : 저는 포도를 좋아합니다.

A : 부인, 이 생선 굉장히 맛있는데요.

B : 아! 그래요.

주

●provecho : m. 이익, 진보, 향상

buen provecho : ① 많이 드십시오.

② 재미 많이 보십시오.

●pescado : m. 생선

●delicioso : 맛있는, 흐뭇한, 즐거운

107. 라 올림삐아다 오첸따이오초 엔 세울
La Olimpiada 88 en Seúl

께 레 빠레쎄 라
A : ¿Qué le parece la
올림삐아다 오첸따이오초 엔 세울
Olimpiada 88 en Seúl?

에쓰 판따쓰띠까
B : Es fantástica.

요 삐엔쏘 께 씨
A : Yo pienso que sí.

볼베라 아 베니르 아 세울 엔
B : ¿Volverá a venir a Seúl en
운밀 노베씨엔또쓰 오첸따 이 오초
1988?

뽀르 쑤뿌에쓰또 쎄구라멘떼
A : Por supuesto. Seguramente
벵고 오뜨라 베쓰
vengo otra vez.

107. 88 서울 올림픽

A : 당신은 88 서울 올림픽이 어떠리라 생각하시죠?

B : 굉장할 거예요.

A : 저도 그렇게 생각합니다.

B : 당신은 1988년에 서울에 다시 오실겁니까?

A : 물론입니다. 틀림없이 다시 올겁니다.

주

- fantástico : 아주 멋진, 훌륭한, 환상적인
- volverá : volver (돌아오다)의 미래 3인칭 단수형
- volver a＋동사원형 : 다시 ～하다
- por supuesto : 물론(＝claro que sí)
- seguramente : 확실히, 틀림없이

에쓰　데　꼬레아
108. Es de Corea

데　돈데　에쓰　엘　렐로흐
A : ¿De dónde es el reloj?

에스떼　렐로흐　에쓰　데　꼬레아
B : ¿Este reloj? Es de Corea.

께　보니또　안다　비엔
A : ¡Qué bonito! ¿Anda bien?

뽀르　쑤뿌에쓰또
B : Por supuesto.

끼에로　아베르　엘　렐로흐　꼬모
A : Quiero haber el reloj como

에쎄　땀비엔
ése también.

108. 한국제입니다

A : 그 시계 어디 제품입니까?

B : 이 시계요? 한국제입니다.

A : 참 예쁘군요. 잘 가나요?

B : 물론이예요.

A : 저도 그런 시계를 갖고 싶군요.

주

- anda : andar (걷다)의 3인칭 단수.
  andar는 걷는다는 뜻이지만, 기계류 또는 사업 등이 '잘 되어간다'의 뜻으로도 쓰인다.
- haber : 가지다, 소유하다.
- ése : (지시대명사) 그것, 그일.
- como : ~와 같은, 처럼, ~로서

발레 라 뻬나 데 비씨따르

109. Vale la pena de visitar

아 돈데 라 뻬나 데

A : ¿A dónde la pena de

비씨따르 엔 꼬레아

visitar en Corea?

쎄 디쎄 께 라 이슬라 제주

B : Se dice que la Isla Jeju.

뽀르께

A : ¿Porqué?

뽀르께 엔 라 이슬라 제주

B : Porque en la Isla Jeju

에스딴 무쵸 로스 파모쏘쓰

están mucho los famosos

루가레쓰

lugares.

에쓰 무이 구아뽀 씨띠오

A : ¿Es muy guapo sitio?

씨

B : Sí.

109. 방문할 가치가 있습니다

A : 한국에서는 어디가 방문할 가치가 있는 곳이지요?

B : 제주도라고들 하지요.

A : 그 이유는요?

B : 제주도에는 명승지가 많이 있기 때문이지요.

A : 멋진 곳인가요?

B : 네.

주

- vale : valer (가치가 있다)의 3인칭 단수형
- pena : f. 고통, 형벌
- visitar : 방문하다
- valer la pena de+동사원형 : ~할 가치가 있다.
- isla : f. 섬
- famoso : 유명한, 훌륭한
- lugar : m. 장소, 곳

딱씨 딱씨

110. ¡Taxi, taxi!

딱씨 딱씨

A : ¡Taxi, taxi!

부에노쓰 디아쓰 쎄뇨라

B : Buenos días, señora.

부에노쓰 디아쓰 바모쓰 알

A : Buenos días. Vamos al

오뗄 조선

Hotel Joseon.

무이 비엔

B : Muy bien.

로 마쓰 쁘론또 뽀씨블레

A : Lo más pronto posible…

비엔

B : Bien.

* * *

요 에스따모쓰 쎄뇨라

B : Ya estamos, señora.

110. 택시, 택시!

A : 택시, 택시!

B : 안녕하십니까? 선생님.

A : 안녕하세요. 조선 호텔로
가주십시요.

B : 예, 좋습니다.

A : 가능한한 빨리요.

B : 알겠읍니다.

B : 다왔읍니다, 선생님.

주

- taxi : 택시
- vamos : ir(가다)의 1인칭 복수형
- lo más pronto posible : 가능한한 빨리
- pronto : 빠른, 조급한
- lo más + 형용사 posible : 가능한한 ~하게

에스따 운 뽀꼬 레호쓰 데

111. Está un poco lejos de

아끼

aquí

돈데 에스따 엘 방꼬

A : ¿Dónde está el Banco

나씨오날 데 꼬레아

Nacional de Corea ?

에스따 운 뽀꼬 레호쓰 데 아끼

B : Está un poco lejos de aquí.

씨 노 에스따 오꾸빠도 뿌에데

A : Si no está ocupado, puede

아꼼빠냐르메 아스따 아께요

acompañarme hasta aquello.

꼰 무쵸 구스또

B : Con mucho gusto.

에쓰 우스뗀 아마블레

A : Es usted amable.

111. 여기서 좀 멀리 있습니다

A : 한국은행이 어디에 있습니까?

B : 여기서 좀 멀리 떨어져 있습니다.

A : 바쁘시지 않다면 그곳까지 저와 동반해 주시겠습니까?

B : 기꺼이

A : 당신은 친절하시군요.

주

- banco : m. 은행
- nacional : 나라의, 국가의, 국립의
- ocupado : 바쁜, (장소 등이) 점유된, 막혀버린
- acompañar : 같이 가다. 데려 가다. 동반하다.
- aquello : 〔원칭 중성대명사〕 그곳, 저 것, 저일, 그일
- gusto : 미각, 취미, 기호, 욕심

  con mucho gusto : (부탁에 대해) 기꺼이 해드리겠습니다.
- amable : 친절한, 상냥한, 사랑스러운

노 쎄 쁘레오꾸뻬
112. No se preocupe

돈데 데호 쑤 말레따
A : ¿Dónde dejó su maleta?

노 메 아꾸에르도 비엔 엔 엘
B : No me acuerdo bien. En el

딱씨 엔 엘 방꼬 엔 엘
taxi, en el banco, en el

오뗄 노 로 쎄
hotel, no lo sé.

노 쎄 쁘레오꾸뻬
A : No se preocupe.

뿌에데 부스까를라 쁘론또
Puede buscarla pronto.

요 끼에로 아쎄르셀로
B : Yo quiero hacerselo.

112. 걱정 하지 마세요

A : 당신 트렁크를 어디에 두셨지요.

B : 잘 기억이 나지 않아요.
택시에서인지, 은행에서인지,
호텔에서인지, 그것을 모르겠어요.

A : 걱정하지 마세요. 곧
트렁크(그것)를 찾을 수 있을
거예요.

B : 저도 그렇게 되기를 바랍니다.

주

- dejó : dejar (놓아주다. 놓아두다. 버리다)의 부정과거 3 인칭 단수형
- pronto : 재빨리, 곧. m. 서두름
- hacerse : 하다. 되다
- buscar : 구하다. 찾아내다. (누구를) 만나러 가다.

기초 서반아어 회화

2018년 12월 20일 인쇄
2018년 12월 30일 발행

지은이 | 현대레저연구회
펴낸이 | 최 원 준

펴낸곳 | 태 을 출 판 사
서울특별시 중구 다산로38길 59(동아빌딩내)
등 록 | 1973. 1. 10(제1-10호)

■ **주문 및 연락처**
우편번호 04584
서울특별시 중구 다산로38길 59 (동아빌딩내)
전화 : (02)2237-5577 팩스 : (02)2233-6166

ISBN 978-89-493-0547-9 13730